世界聚光灯下的盛会

中国国际大数据产业博览会纪实
（2015-2018）

贵阳国际大数据产业博览会秘书处
贵 州 产 业 技 术 发 展 研 究 院   编著

中国社会科学出版社

图书在版编目（CIP）数据

世界聚光灯下的盛会：中国国际大数据产业博览会纪实：2015－2018 / 贵阳国际大数据产业博览会秘书处，贵州产业技术发展研究院编著. —北京：中国社会科学出版社，2019.4

ISBN 978－7－5203－4316－9

Ⅰ.①世… Ⅱ.①贵…②贵… Ⅲ.①数据处理—信息产业—博览会—概况—中国—2015－2018 Ⅳ.①F492

中国版本图书馆 CIP 数据核字（2019）第 071737 号

出 版 人	赵剑英
责任编辑	周晓慧
责任校对	无 介
责任印制	戴 宽

出 版	中国社会科学出版社
社 址	北京鼓楼西大街甲 158 号
邮 编	100720
网 址	http://www.csspw.cn
发 行 部	010－84083685
门 市 部	010－84029450
经 销	新华书店及其他书店

印 刷	北京明恒达印务有限公司
装 订	廊坊市广阳区广增装订厂
版 次	2019 年 4 月第 1 版
印 次	2019 年 4 月第 1 次印刷

开 本	710×1000 1/16
印 张	13
插 页	2
字 数	188 千字
定 价	56.00 元

编 委 会

总顾问：邬贺铨　徐　昊　向　阳

主　任：唐振江　陈桂明

副主任：戚芸榛

委　员：石庆波　张露璎　卢　杏　张　幸　李　超
　　　　漆欣筑

编辑人员

主　　　编：石庆波　戚芸榛

副　主　编：漆欣筑

主要撰稿人：付家欣　谢双扬　罗　爽　唐德霖　何　庆
　　　　　　李骏宇

参与研究人员：潘琼刚　郑双旭　李　洁　李　哲　杨　洁
　　　　　　　陈　蓉　范邦伟　邱　艳　黄乙芳

学 术 秘 书：付家欣

组织编写：贵阳市高新技术产业促进中心
　　　　　（贵阳国际大数据产业博览会秘书处）

执行编写：贵州产业技术发展研究院

目　　录

序

随着信息技术和社会生产生活的深度融合，互联网快速普及，全球数据呈现出爆发增长、海量集聚的特点。大数据与云计算、物联网、移动互联网等技术与应用相辅相成，特别是计算技术的发展和人工智能的兴起唤醒了大数据的价值。大数据及其产品具有易复制、成本低、迭代升值等特点，具有较高的边际效用和正外部性。大数据作为通用技术在各行各业都能见效，对经济发展、社会进步、国家治理、人民生活都有着重大影响。

我国的固网和移动网用户的平均连接速度均超过世界平均水平，而且还保持着较高的增速。我国的互联网用户全球第一，就每年新增的大数据量而言，我国也是大数据大国。结合我国国情的大数据应用激发了新业态的出现，而电子商务、移动支付、共享经济等业态又进一步加快了大数据的产生。智慧城市的建设和工业互联网时代的到来，既丰富了大数据的来源又开拓了大数据的应用空间。

近年来，贵州很好地找准了自己的定位，充分利用得天独厚的资源环境，创新政策引导，恰逢其时地把握住时代的机会，展现出强劲的后发优势。经过四届数博会的洗礼，贵州大数据品牌越叫越响，大数据产业与人才集聚效应初现，云上贵州，数聚贵阳，数据量将越来越大，数据挖掘的水平不断提升，目标是建设中国的数谷，开发世界级的数据金矿，走在数字经济发展的前列，创造贵州模式和贵阳质量。

贵州大数据的发展有了很好的起步，起跑领先但能否一路领航还要看后劲。随着全国各地纷纷制定大数据和人工智能发展战略，形成你追我赶的局面，这对贵州既是促进也是压力。大数据与云计算、物联网、人工智能技术的融合愈益深入，对于信息技术基础尚不够深厚的贵州来说并非优势，而且面向工业的大数据应用与面向消费领域的应用相比，市场更大但挑战更多。雄关漫道真如铁，而今迈步从头越，总结贵州发展大数据的经验和不足，完善下一步的发展规划尤为必要。

习近平同志指出，大数据发展日新月异，我们应该审时度势、精心谋划、超前布局、力争主动，深入了解大数据发展现状和趋势及其对经济社会发展的影响，分析我国大数据发展所取得的成绩和存在的问题，推动实施国家大数据战略，加快完善数字基础设施，推进数据资源整合和开放共享，保障数据安全，加快建设数字中国，更好地服务我国经济社会发展和人民生活改善。这一重要讲话精神，为推动实施国家大数据战略指明了方向，这也是贵州大数据发展的使命与重点。

中国工程院院士、中国互联网协会理事长

2018 年 11 月 7 日

前　言

　　中国国际大数据产业博览会（以下简称"数博会"），作为全球首个大数据主题博览会，已连续成功举办了四届。数博会通过展览展示、峰会论坛和创新大赛等形式，展示前沿技术、探讨发展趋势、催生新兴业态、云集业界精英，为全球大数据产业搭建了一个高端、前沿、全面的交流合作平台。自 2017 年正式升格为国家级博览会后，现已成长为全球大数据发展的风向标和业界最具国际性、权威性的平台。

　　纵观全球，世界正处于新科技革命方兴未艾之时，大数据作为创新浪潮最重要的标志，其发展已经超出了绝大部分人的预期。2014年，贵州·北京大数据产业推荐会在北京隆重举行，标志着贵州大数据发展正式起航。2015 年，中共贵州省委十一届六次全会提出实施大数据战略行动，把大数据作为"十三五"时期贵州发展的战略引擎，自此，贵州大数据发展得风生水起，已经逐渐形成国家大力支持、企业主动参与、各界充分认可的先行优势。在贵州，大数据产业规模总量不断增长，成为新的支柱产业，为贵州经济发展蓄积了源源不断的"新动能"。

　　2015 年 5 月 26—29 日，"第一届贵阳国际大数据产业博览会暨全球大数据时代贵阳峰会"在贵阳国际会议展览中心举办，李克强总理发来贺信，马凯副总理出席开幕式。此次博览会主题为"互联网＋时代的数据安全与发展"，以"专业展会、国际平台、促进合作、共谋未来"为目标，定位于全球化、专业化，吸引全球大数据领先企业和领军人物参与，展示国际大数据发展最新成果、最新技术，探讨大数据未来发展趋势，聚焦大数据发展过程中的关键和共性问题，挖掘全球大数据产业商机，推动国际性资源和要素向贵州聚集。

2016 年，数博会主办单位"升格"，由国家发改委、贵州省人民政府共同主办，全称变为"2016 中国大数据产业峰会暨中国电子商务创新发展峰会"，主题为"大数据开启智能时代"，于 5 月 26—29 日在贵阳国际会议中心隆重召开。中共中央政治局常委、国务院总理李克强出席开幕式并发表重要讲话。与此同时，"2016 数博会"也吸引了全球众多 IT 巨头的关注与参与。此次数博会掀起了大数据产业发展的新高潮，这场以"数据创造价值，创新驱动未来"为主题的思想盛宴得到了国内外业界的高度评价和认可，在全国乃至全球都产生了重要影响，发出了"贵州好声音"。

2017 年 5 月 26—29 日，"2017 中国国际大数据产业博览会"隆重举行。中共中央政治局常委、国务院总理李克强发来贺信，副总理马凯出席开幕式并发表重要讲话。本届数博会主题为"数字经济引领新增长"，寄托了中国对于创造数字经济"奇迹"的向往。本届数博会将继续聚焦大数据的探索与应用，展示大数据最新的技术创新与成就，在前两届数博会的基础上，按照"一年出生、两年长大、三年当家"的目标，实现了新的提升、新的发展、新的跨越，完成了华丽升级，成为国家级会议和世界性舞台。

2018 年 5 月，以"数化万物·智在融合"为年度主题的"2018 中国国际大数据产业博览会"在贵阳召开，习近平总书记发来贺信。此次博览会是迈进新时代举行的第一次国际大数据产业博览会，会议期间共举办了 8 场高端对话、65 场专业论坛，举行了 40 场成果发布会、81 场招商推介会、278 场商务考察会等活动，成功签约项目 199 个、签约金额 352.8 亿元。"2018 数博会"特色彰显、亮点纷呈，参会规模创历史新高，嘉宾层次大幅提升，专业论坛精彩夺目，组团参展趋势明显，市场运作更加成熟，"大数据 + 文化"体验舒爽，智能特色全面彰显，国际传播力度空前。来自 29 个国家和地区的 661 位嘉宾分享思想创见、碰撞智慧火花，共同探寻新一轮科技和产业革命背景下大数据发展方向。大会首次发布了《数字经济与数字治理白皮书 2018》《数字中国》《"区块链 + "赋能数字经济》《中国数谷：大数据引领绿色崛起》等大数据前沿研究著作，为应对互联网信息安全和治理，全面实施国家大数据战略提供了中国智慧、中国实践和中国方案。

　　当今世界，数据已成为重要的基础性战略资源，大数据蕴藏着巨大的价值和潜力，正在成为全球科技和产业竞争的重要制高点。大数据的充分挖掘和利用，对经济发展、社会生活和政府治理产生着越来越重要的影响。处于全国乃至世界大数据产业发展风口的贵州，已将大数据这颗"智慧树"，深深地植入了这片沃土，使其生根发芽、开花结果。在大数据产业高速发展的背景下，"数博会"作为全球首个大数据主题博览会，已连续在贵州贵阳成功举办了四届，得到了国内外业界的高度评价和认可。经过四年的探索，中国国际大数据产业博览会已经成为大数据领域的全球盛会。在这个兼具深度与广度的综合性平台上，业内大腕云集、全新商业模式纷纷亮相、草根与精英同台交流，前所未有，精彩纷呈，直观地展示了技术的变革和创新的力量。数博会不仅有力地推动了贵州大数据产业的迅猛发展，在推动国家乃至全球大数据战略的探索与实践方面，也产生了深远的意义，贵阳也因举办"数博会"而走到了世界舞台的聚光灯下。

　　本书由贵阳市高新技术产业促进中心（贵阳国际大数据产业博览会秘书处）与贵州省产业技术发展研究院共同编写完成，全书分为四个部分，分别介绍了中国国际大数据产业博览会的成长、历届中国国际大数据产业博览会概况、中国国际大数据产业博览会所取得的瞩目成就，以及我们对未来的展望。我们希望通过该书真实地记录中国国际大数据产业博览会的方方面面，推动全球对中国国际大数据产业博览会的了解更加深入，同时提升全球对贵州大数据产业的认知。

编委会

2019 年 1 月 1 日

领导关怀

以习近平同志为核心的党中央，对中国国际大数据产业博览会倾注关怀和支持。2015 年，习近平总书记亲临贵州，考察大数据产业发展情况，指出"贵州发展大数据确实有道理"。2018 年，习近平主席向"2018 中国国际大数据产业博览会"发来贺信。中央政治局委员、全国人大常委会副委员长王晨同志出席会议宣读贺信并发表重要讲话。习近平主席的贺信句句精辟、字字珠玑。贺信为贵州坚定不移地推进大数据战略行动指明了前进方向，注入了强大动力。

国务院总理李克强十分重视中国国际大数据产业博览会的发展，2015 年首届博览会，国务院总理李克强向博览会发来贺信；2016 年，李克强总理亲临大会并发表重要讲话，指出大数据是 21 世纪的"钻石矿""智慧树"，贵州在这里把"无"生成了"有"，充分肯定了贵州发展大数据的行动；2017 年，李克强总理再次发来贺信肯定并预祝大会成功举办，马凯副总理在开幕式上发表重要讲话。

以习近平同志为核心的党中央对数博会的亲切关怀，对数博会来说是巨大的鼓舞，激励着数博会不断向前发展，推动着大数据产业的发展壮大。

习近平主席致 2018 中国国际大数据
产业博览会的贺信

值此 2018 中国国际大数据产业博览会召开之际,我谨代表中国政府和中国人民,并以我个人的名义,向会议的召开致以热烈的祝贺!向出席会议的各位代表和嘉宾表示诚挚的欢迎!

当前,以互联网、大数据、人工智能为代表的新一代信息技术日新月异,给各国经济社会发展、国家管理、社会治理、人民生活带来重大而深远的影响。把握好大数据发展的重要机遇,促进大数据产业健康发展,处理好数据安全、网络空间治理等方面的挑战,需要各国加强交流互鉴、深化沟通合作。

中国高度重视大数据发展。我们秉持创新、协调、绿色、开放、共享的发展理念,围绕建设网络强国、数字中国、智慧社会,全面实施国家大数据战略,助力中国经济从高速增长转向高质量发展。

希望各位代表和嘉宾围绕"数化万物·智在融合"的博览会主题,深入交流,集思广益,共同推动大数据产业创新发展,共创智慧生活,造福世界各国人民,共同推动构建人类命运共同体。

预祝会议取得圆满成功!

中华人民共和国主席　习近平

2018 年 5 月 26 日

(来源:贵州日报 2018 年 5 月 30 日)

李克强总理致 2017 中国国际大数据产业博览会的贺信

在 2017 中国国际大数据产业博览会开幕之际，我谨代表中国政府对博览会的举办表示热烈祝贺，向各位与会代表表示诚挚欢迎。

当前，新一轮科技革命和产业变革席卷全球，大数据、云计算、物联网、人工智能、区块链等新技术不断涌现，数字经济正深刻地改变着人类的生产和生活方式，作为经济增长新动能的作用日益凸显。贵州省主动顺应这一发展趋势，大胆探索，先行先试，取得了积极成效。

中国政府高度重视数字经济发展，坚持深入推进创新驱动发展战略，依靠简政放权、放管结合、优化服务等改革，着力激发社会创造力和市场活力，将大众创业、万众创新同网络强国战略、国家大数据战略、"互联网＋"行动计划、中国制造 2025 等相结合，加快新旧动能接续转换，促进经济结构转型升级和社会不断进步。

中国愿同世界各国一道，聚焦前沿，聚焦共赢，推动数字经济创新合作，共享发展机遇，开创人类社会更加智慧美好的未来。

预祝数博会取得圆满成功！

中华人民共和国国务院总理　李克强

2017 年 5 月 26 日

（来源：贵州日报 2017 年 5 月 27 日）

李克强总理致 2015 贵阳国际大数据产业博览会的贺信

　　值此 2015 贵阳国际大数据产业博览会暨全球大数据时代贵阳峰会开幕之际，我谨代表中国政府表示热烈祝贺！当今世界，新一轮科技和产业革命正在蓬勃兴起。数据是基础性资源，也是重要生产力。大数据与云计算、物联网等新技术相结合，正在迅疾并将日益深刻地改变人们生产生活方式，"互联网＋"对提升产业乃至国家综合竞争力将发挥关键作用。

　　中国是人口大国和信息应用大国，拥有海量数据资源，发展大数据产业空间无限。中国正在研究制定"互联网＋"行动计划，推动各行各业依托大数据创新商业模式，实现融合发展，推动提升政府科学决策和管理水平，用新的思路和工具解决交通、医疗、教育等公共问题，助力大众创业、万众创新，促进中国经济保持中高速增长、迈向中高端水平。

　　互联网缩短了时空距离，大数据产业给不同国家和地区的发展带来了机遇。相信大家围绕"'互联网＋'时代的数据安全与发展"这个主题交流互鉴，分享成果，深化合作，会进一步汇聚新动能，推动实现更高效、更绿色、更惠民的发展。

　　预祝峰会取得圆满成功！

中华人民共和国国务院总理　李克强

2015 年 5 月 17 日

（来源：贵州日报 2015 年 5 月 27 日）

2015 年 6 月 17 日上午，习近平总书记走进大数据应用展示中心，
听取贵州大数据产业发展、规划和实际应用情况介绍

（图片来源：新华网）

时任贵州省委常委、贵阳市委书记的陈刚为习近平总书记介绍相关情况

（图片来源：新华网）

李克强总理出席 2016 中国大数据产业峰会开幕式并致辞

（图片来源：贵州日报）

2018 数博会，政治局委员、全国人大常委会副委员长王晨
宣读中国国家主席习近平的贺信并发表主旨演讲

（图片来源：新华网）

时任中共中央政治局委员、国务院副总理马凯在 2015、
2017 数博会期间出席会议并发表重要讲话

中共中央政治局委员，重庆市委书记，时任贵州省委书记、
省人大常委会主任陈敏尔在 2017 数博会上发表演讲

国务委员、公安部部长，时任贵州省委书记、省人大常委会主任
赵克志在 2015 贵阳大数据产业博览会上发表演讲

贵州省委书记、省人大常委会主任孙志刚在 2018 数博会上致欢迎辞

（图片来源：新华网）

中共贵州省委副书记、省人民政府省长谌贻琴主持 2018 数博会开幕式

（图片来源：新华网）

国家工业和信息化部部长苗圩在 2017 数博会开幕式上宣读中共中央
政治局常委、国务院总理李克强贺信

中央宣传部副部长，国务院新闻办公室主任，时任中央网信办副主任
徐麟在 2016 数博会上发表演讲

中国科协党组书记、常务副主席、书记处第一书记，时任工业和信息化部
副部长怀进鹏在 2015 数博会上发表演讲

全国人大财政经济委员会主任委员，时任国家发改委主任徐绍史主持
2016 数博会开幕式第一阶段议程

国家发展和改革委党组成员、副主任林念修在 2016、2018 数博会上发表演讲

（图片来源：新华网）

工业和信息化部副部长陈肇雄在 2018 数博会上发表演讲

（图片来源：新华网）

国家互联网信息办公室副主任杨小伟在 2018 数博会上发表演讲

（图片来源：新华网）

精彩瞬间

贵州省委常委、贵阳市委书记赵德明，贵阳市委副书记、市长陈晏，
贵阳市委常委、常务副市长徐昊等领导同志视察数博会筹备工作

中国科学院院长白春礼在 2017 数博会上发表演讲

倪光南院士在 2015 数博会上出席贵州贵安智能终端与
移动应用高峰论坛并发表演讲

（图片来源：数据观）

邬贺铨院士在 2016 数博会上发表"大数据安全——
技术与产业及管理"的主旨报告

（图片来源：数博会官网）

英国约克公爵安德鲁王子在 2018 数博会上发表主旨演讲

（图片来源：新华网）

中国科学院院士梅宏在 2018 数博会上发表主旨演讲

（图片来源：新华网）

《数字经济》作者"数字经济之父"唐·塔普斯科特在 2018 数博会上发表演讲

（图片来源：新华网）

中国科学院院士潘建伟在 2018 数博会上发表演讲

（图片来源：新华网）

百度公司董事长兼首席执行官李彦宏演讲

阿里巴巴集团董事局主席马云在数博会上演讲

腾讯控股有限公司董事会主席兼首席执行官马化腾在数博会上演讲

富士康科技集团总裁郭台铭在数博会上演讲

360 总裁周鸿祎先生在数博会上演讲

第一章　发展历程

一　大幕拉开,数据革命

❖　引子

自 18 世纪中叶以来，人类历史上先后发生了三次产业革命，每次产业革命都具备了一个相同的特点：利用新能源或者新技术大幅度提高生产力，推动经济发展，同时给人类的生活方式和思维方式带来巨大影响。在以电子工业为基础的第三次产业革命开创的信息时代来临之后，人类社会迎来了第四次产业革命的爆发。此次革命以大数据为核心，实现信息技术、生物技术、新能源技术的全方位渗透，几乎带动所有工业领域智能化、数字化、网络化、绿色化。而这个被称为"大数据时代"的产业革命，必将与之前的三次产业革命一样，带来生产力的大幅度提高，经济的高速发展，最终给人类的生存方式带来极大的影响，并影响人们的思维方式。

所谓大数据，即指海量且类型复杂的数据集合，该集合具备了种类多、流量快、容量大、价值高等特点。早在 1980 年，"未来科学家"阿尔文·托夫勒在《第三次浪潮》一书中就已经提出了大数据的概念；但直到人类社会进入互联网时代，大数据的概念才真正得到了实现。随着互联网技术的普及和应用，全球在 2010 年正式进入 ZB (Zettabyte) 时代。根据 IDC（国际数据公司）的监测统计，2011 年全球数据总量已经达到 1.8 ZB，而这个数值还在以每两年翻一番的速度增长，预计到 2020 年，全球将拥有 35 ZB 的数据量，比 2011 年增长近 20 倍。换句话说，全球的数据量大概每两年翻一番，这表明在最近两年里人类产生的数据量相当于之前产生的全部数据总和。2011年5月，全球知名咨询公司麦肯锡发布的《大数据：创新、竞争和生产力的下一个前沿领域》使人们意识到大数据时代的来临。该报告指出："大数据已经渗透到每一个行业和业务职能领域，逐渐成为重要的生产因素；而人们对于海量数据的运用将预示新一波生产率和消费者盈余浪潮的到来，也预示着大数据时代的到来。"在这个大背景下，从公司战略到产业生态，从学术研究到生产实践，从城镇管理到国家治理，都将发生本质的变化。国家竞争力将部分体现为一国所拥有数据的规模、活性以及解释、运用数据的能力。

数据是新时代的"石油"，大数据产业将成为未来新的经济增长点。随着大数据的兴起，大数据产业成为经济增长的新制高点。大数据产业是指建立在互联网、物联网等渠道广泛、大量数据资源收集基础上的数据存储、价值提炼、智能处理和分发的信息服务业。实施大数据战略，是重新洗牌世界格局的一个机会，为了充分利用大数据所带来的机遇，同时有效应对大数据所带来的挑战，国内外产业界、科学界和政府部门都在积极布局，制定战略规划。

美国政府在2009年推出了公共服务平台，全面开放联邦政府原始数据和地理数据。2012年美国白宫科技政策办公室发布了《大数据研究和发展计划》，成立"大数据高级指导小组"。紧接着，2013年发布了《政府信息公开和机器可读行政命令》。2013年11月，美国信息技术与创新基金会发布《支持数据驱动型创新的技术与政策》。2014年5月，美国面向全球公布了《大数据：把握机遇，守护价值》白皮书。2016年4月，麻省理工学院推出了"数据美国"在线大数据可视化工具，以实现实时分析展示美国政府公开数据库。

英国政府在2011年11月发布了对公开数据进行研究的战略决策，希望通过完全公布政府数据，进一步支持和开发大数据在科技、农业和商业等领域的发展，因此建立了有"英国数据银行"之称的data. gov. uk网站。2012年5月，英国政府注资支持建立了世界上首个开发数据研究所。2013年5月，英国政府和李嘉诚基金会联合投资，在牛津大学成立全球首个综合运用大数据技术的医药卫生科研中心。2013 年 8 月，英国政府发布《英国农业技术战略》。2014 年，英国政府斥巨资进行大数据技术开发。2015 年，英国政府承诺将开放相关的核心公共数据库，包括交通运输、天气和健康等方面。

日本 IT 战略本部在 2012 年 6 月发布电子政务开放数据战略草案，开启政府数据公开新篇章。2012 年 7 月，日本总务省 ICT 基本战略委员会发布了《面向 2020 年的 ICT 综合战略》。2013 年 6 月，日本正式公开发布新 IT 战略——"创建最尖端 IT 国家宣言"。2013 年 7 月，日本三菱综合研究所牵头成立了"开放数据流通推荐联盟"。2014 年 8 月，日本决定在每月公布的月度经济报告中采用互联网累积的"大数据"作为新的经济判断指标。从 2015 年开始，日本防卫省正式研讨将"大数据"运用于海外局势分析的规划。

德国早在 2010 年就制定了"数字德国 2015 ICT 战略"。2013 年，德国政府提出了"工业 4.0"的概念。2014 年 8 月，德国联邦政府内阁推出了《2014—2017 年数字议程》。

通过观察世界各国的大数据策略，可以得出三个共同点：一是推动大数据全产业链的应用；二是数据开放和信息安全并重；三是政府与社会力量共同推动大数据应用。大数据风暴早已席卷全球，虽然每个国家对此的理解和认知以及实施细节各有不同，但在促进方向上完全相同——全力推动大数据发展。

❖ 全球数据革命的发展

产业需要革命，行业需要互通互融。所谓"大数据＋"，就是将大数据思想与各行各业联系起来，帮助不同产业以大数据的模式进行发展。大数据不仅关系到 IT 行业，如今众多行业的龙头公司都已经意识到了大数据新思维的巨大冲击。互联网、金融、电信、医疗、政府等都是大数据运用的重点领域，但是大多数领域的大数据应用还处于萌芽状态。虽然在大数据应用的实践过程中也遇到了很多方面的问题和挑战，包括数据资产不明、应用需求不定、平台建设、技术路线、安全隐私问题等，但是大数据应用还是把握住了时代机遇，在各领域做出了不可忽视的价值探索。

美国中央情报局前雇员斯诺登在 2013 年 6 月揭开了"数据战争"的冰山一角，美国的"棱镜计划"实际上把所有国家、个人都纳入美国国家安全局（NSA）的监控之下。参与"棱镜计划"的公司包括谷歌、雅虎、Facebook、微软、苹果、思科、Oracle、IBM 等科技巨头。由此可见，在大数据时代，IT 产业的强大已经成为直接决定一个大国能否成为一个强国的决定性因素之一。

英国政府 2012 年计划，将在未来两年内，在大数据和节能计算机研究上投资 1.89 亿英镑，用来推动企业在此领域的投资。英国把大数据看作自身的优势所在，且认为已经在政府层面为大数据做好了准备。

作为世界第二人口大国，印度近两年来也持续运用大数据，计划打造出比英国更便利、更亲民的智慧城市。印度全国软件与服务企业协会预计，印度大数据行业规模在 3 年内将快速增长，达到如今规模的 6 倍，同时是全球大数据行业平均增长速度的两倍。对于印度的整个 IT 行业来说，大数据时代的到来更多的是机遇。

2013 年，法国政府投入近 1150 万欧元用于大数据市场研发项目。目的在于"通过发展创新性解决方案，并将其用于实践，来促进法国在大数据领域的发展"。法国政府在《数字化路线图》中列出了将予以大力支持的五项战略性高新技术，大数据技术名列前茅。

日本在新的一轮 IT 振新计划中，将发展大数据作为国家层面的战略提出，重点关注社会媒体等智能技术的开发、新医疗技术的开发以及交通拥堵治理等公共领域的运用。

新加坡政府在大数据发展的过程中充当了必不可少的角色，重点关注大数据发展的五大关键要素：基础设施、产业链、人才、技术和立法，弥补了新加坡高新企业的短板。

德国侧重借助信息产业将其原有的先进工业模式智能化和虚拟化，将信息技术引入其有着传统技术优势的"刚性"工厂，通过大数据产业工具增强其产品的柔性，将此模式标准化，并加以推广。

除此之外，澳大利亚、加拿大、新西兰等国也在大数据领域开始了战略部署，并陆续推出了本国的公共数据开放网站，以便更多的人能够使用大数据资源并从中获得利益。

但是，对于海量且瞬息万变的大数据而言，存储只是手段，不是目标；怎样从数据中得到包括商业价值在内的红利，才是其真正意义所在。全世界每个行业的数据存储量，每年都在以50%以上的速度暴增。因为缺乏规范的数据共享方式和渠道，不同行业间很难形成数据互利共享，数据交易平台以及数据交易所的出现也就顺应了时代的需求。

美国Factual公司成立于2008年，不仅向大公司提供数据，同时也面向规模较小的软件开发商提供数据服务。每一条信息都有17—40条的相关描述，按浮动价格向公司和独立软件开发商出售数据；小规模数据免费提供，大型客户需要支付的费用则会达到成百上千万美元。包括Facebook、CitySearch、AT&T及其他一些公司都会使用Factual来获取相关信息。2013年4月，富士通公司也宣布建立自己的"大数据"交易市场"Dataplaza"，并将交易中介服务培育为主力业务之一，计划在2016年之前将参与企业增加至千家左右。2006年横空出世的开源大数据软件Hadoop，成为大数据行业发展背后真正的驱动力，成为大数据发展史上的标志性事件。

最近两年，大数据发展浪潮席卷全球。随着社会的进步和信息通信技术的发展，信息系统在各行各业飞速发展。这些系统采集、处理、积累的数据越来越多，数据量增速越来越快，以致用"海量、爆炸性增长"等词汇已无法形容数据的增长速度。

2014年，全球大数据市场规模达到约285亿美元，实现53.23%的增长速度，比2013年57.63%的增速略有回落，但快速增长态势不变，且呈现出应用成为新增长动力、竞争态势愈加激烈、融资并购成为市场热点、产业生态不断优化和基础设施建设更加合理等特点。近年来，全球大数据总体加速发展趋势不变，预计2020年，全球大数据市场规模将达到1263.21亿美元，同比增长17.51%。前瞻产业研究院数据显示，2014年，中国大数据市场规模达到767亿元，同比增长27.83%。预计到2020年，中国大数据产业市场规模将达到8228.81亿元。

　　目前，70%的大企业和56%的中小企业已经部署或者正在计划部署与大数据有关的项目和计划。

　　❖　**中国数据革命的发展**

　　习总书记指出："改革是一个国家、一个民族的生存发展之道。"同样，改革也是科学技术和创新领域的发展生存之道。身为制造业大国的中国，目前在发展时期上仍处于西方国家已经度过的工业2.0和3.0并行发展阶段。因此，中国的规划思路是在继续大力发展先进工业技术的同时，紧盯大数据、人工智能等新兴信息产业的发展动向，实现二者共同进步，推进二者的深度融合。党的十八届三中全会提出要"推进国家治理体系和治理能力现代化"，把"治理"和"现代化"有机地结合在一起。这就需要把大数据融入国家治理中，通过对经济、政治、文化、社会、生态等方方面面的信息资源数据进行聚合分析，为国家治理提供重要数据基础和决策支撑，从而推进依数据立政、依数据行政、依数据治国，用大数据来治国理政，实现从"善政"到"善治"。

　　中国从2011年开始，分别发布了《大数据时代即将到来》《大数据时代三大发展趋势和投资方向》《以数据资产为核心的商业模式》等大数据报告，撰写了《中国大数据技术与产业发展白皮书》。2014年11月，中国召开了"首届世界互联网大会"，为中国互联网空间发展、网络信息安全、大数据战略等开创了新的局面。2015年9月，国务院发布了《促进大数据发展行动纲要》，明确提出要加强数据强国建设，全面推进中国大数据的发展和应用，这为公共信息资源整合共享和大数据产业的健康发展奠定了良好的基础。

　　早在2012年1月国务院出台的《关于进一步促进贵州经济社会又好又快发展的若干意见》就明确提出：推动贵州的信息网络设施建设，培育发展电子及新一代信息技术等战略性新兴产业，鼓励技术研发，提高科技创新支撑能力。同年2月13日，《国务院关于西部大开发"十二五"规划的批复》提出将贵安新区作为新一轮西部大开发重点建设的5个城市新区之一，建成以航空航天为代表的特色装备制造业基地、重要的资源深加工基地、绿色食品生产加工基地和旅游休闲目的地，区域性商贸物流中心和科技创新中心，建成黔中经济区最富活力的增长极。2013 年，三大电信运营商选择在贵州建立它们的数据存储中心。此时，贵州顺势推出自己的大数据名片。

虽然贵州发展大数据的举措也遭受了不少业界人士的非议，但是这并没有成为贵州政府止步于此的理由，反而加快了大数据的推进步伐。2014 年 2 月，《关于加快大数据产业发展应用若干政策的意见》《贵州省大数据产业发展应用规划纲要（2014—2020 年）》出台。1个月后，《贵州省信息基础设施条例》面世，这是国内第一部信息基础设施地方性法规。国家以及贵州省相关政策出台的系列"组合拳"，宛如一场春雨，给贵州这片蓄势待发的土地带来滋润，坚定了贵州转型发展的信心，也吸引着越来越多的投资者前来"攻城略地"。在这场数据变革中，我国的发达地区与欠发达地区都处在同一水平线上。贵州抓住了这个机遇，后发先行，开启了"数据贵州"之路。

随着三大运营商数据中心成功落户贵安新区，贵州一跃成为国内第一、全球靠前的数据集聚地。贵州凭借得天独厚的自然条件，成为大数据产业的先行者，犹如一缕花香，全国各地越来越多的企业闻香而来。2013 年 7 月，富士康科技集团决定在贵安新区投资建设第四代产业园；2013 年 9 月，贵阳市政府与中关村科技园区管理委员会签订战略合作框架协议；2014 年全国两会前夕，贵州在北京举办贵州·北京大数据产业发展推介会，向世界发出"邀请函"，三大电信运营商、富士康、阿里巴巴、微软、浪潮、华为、百度等行业大鳄悉数响应，在该推介会上签约 560 亿元。

2013 年 3 月，马云断言："如果大家错过了 30 年前广东、浙江的投资机遇，今天一定不能错过贵州。"回看过去几年贵州的发展，虽然还不能成为经济强省和科技强省，但其发展速度在全国名列前茅。凭借自身的大数据发展经验与成果，为吸引全球大数据领先企业和先行者，展示贵州大数据的发展历程，更是展示全球大数据的发展进程，探讨大数据发展趋势与技术创新，在贵州集聚国际性资源和要素，首届"大数据产业博览会"2015 年在贵州省贵阳市成功举办（即"2015 贵阳国际大数据产业博览会暨全球大数据时代贵阳峰会"）。此次大数据博览会得到了外界的高度重视，有 3000 余名政要、专家学者、企业家出席开幕式，380 余家知名企业和 100 余支创新创业团队参加展示，近 7 万人近距离参观、接触了大数据领域的最新技术和产品。现场嘉宾通过一系列论坛、会议，畅谈大数据的发展与趋势，以及面临的机遇和挑战，开启了大数据的"头脑风暴"，激发了引领大数据的思维碰撞。首届数博会的开幕，意味着贵阳"中国数谷"的创建取得了阶段性成果，标志着全国大数据领域风向标的形成，标志着全新时代蓝图的开启，也为全球大数据领域资源共享、成果共享、协同创新搭建了共商共讨的大平台。"2015 贵阳国际大数据产业博览会暨全球大数据时代贵阳峰会"以"'互联网 + '时代的数据安全与发展"为主题，在探究大数据发展的前提下，保证大数据安全，商讨数据经济等重大问题。李克强总理在给"2015 贵阳国际大数据产业博览会暨全球大数据时代贵阳峰会"发来的贺信中提到："数据是基础性资源，也是重要生产力。大数据与云计算、物联网等新技术相结合，正在迅疾并将日益深刻地改变人们生产生活方式，'互联网 + '对提升产业乃至国家综合竞争力将发挥关键作用"，"中国是人口大国和信息应用大国，拥有海量数据资源，发展大数据产业空间无限"。在大数据时代，数据就是资产，得数据者得天下。大数据借助互联网技术，对数据进行分析、挖掘、融合等操作，使各个领域焕发出新的生机。一个企业，如果能够掌握数据、运用数据、融合数据，在未来的世界必将占据一席之地。

　　马云在 2015 数博会峰会的发言中表示："IT 时代到 DT 时代的变革，是技术的提升，是新时代的开始，DT 时代是创造未来，未来的世界将会发生翻天覆地的变化。"互联网不再是我们所浅析的聊天、购物，它将会成为整个社会前进发展的核心动力，未来的世界将发生翻天覆地的变化，越来越多的企业、单位的发展少不了大数据这个参与者，经济、教育、政府、民生等领域、行业，乃至每一个人都会发现和参与大数据时代。未来最值钱的资源不再是石油，而是数据。首届数博会的成功举办，宛如一块徐徐拉开的幕布，让大数据展示在世界面前，幕布里面，是行进中的表演，在表演中，我们看见了技术的革新，看见了新经济模式、商业模式、生活模式的形成，也见证着数据慢慢渗入生活、社会、世界的各个角落。

　　未来的世界，数据与我们相伴，世界变革，数据革命正在进行。身处大数据时代，实现产业升级和转型离不开大数据的支持，实现综合国力和国家竞争力的"弯道超车"也离不开大数据的助力。在新的科技发展形势下，固有的竞争格局将会被打破，只有将大数据时代的特征与我国产业化历史进程紧密结合起来，不断为产业转型升级注入新的动力，才能在向更高层次的产业革命迈进过程中占得先机。

二　风起云涌，数聚贵阳

❖　引子

　　随着全球许多国家开始认识到大数据所蕴含的重要战略意义后，便纷纷开始在国家层面进行部署，准备迎接大数据技术革命所带来的新机遇与挑战。大数据正成为继云计算、物联网和移动互联网之后信息技术的新热点，大数据产业发展的新方向，将对人类的生产与生活产生巨大影响，对经济与社会发展带来深刻变革。大数据的本质，不在于研究如何处理数据，而是更好地发现海量数据中所隐藏的价值，数据中所蕴含的人类的各种行为，包括消费习惯预测、疾病诊断、金融行业风险分析等。如果对海量数据加以科学分析利用，将会给国土安全、人民生活、医疗、学习教育等行业带来极高的应用价值。

　　贵州作为不沿江不沿海的中国西南部经济欠发达地区，主要受制于交通条件和配套产业及其落后的经济发展，是一个让人很难将时代前沿科技和其挂钩的地区。在"十一五"结束的 2010 年，贵州省的工业化程度系数仅为 0.8，落后全国 15 年；到 2013 年，贵州的 GDP 总量还排在倒数第六位，如何转型发展成为一个难题。几经选择后，大数据产业进入了贵州的视野。贵州省委、省政府分析了贵州得天独厚的自然资源条件，在其他的省市还在琢磨大数据是什么的时候，贵州省政府已经开始搭台子，让大数据真正走进贵州，在不断探索中决定发展以大数据、云计算、物联网为主要内容的战略性新兴产业，抓住大数据时代所带来的机遇，把握大数据发展方向，推动大数据开发应用。发展大数据服务产业是推进贵州省信息技术产业集聚发展和经济社会跨越发展的重要途径，对推动贵州工业结构调整，加快贵州新型工业化和城镇化进程，打造贵州经济社会发展升级版，具有十分重要的战略意义和现实意义，计划通过此次变革彻底改变贵州落后的情况，发挥自身优势，后发赶超，实现跨越，同步小康。在信息发展的时代，聚焦大数据产业项目，储备大数据人才是贵州发展大数据产业的关键一步，将迅速拉近贵州与国内其他省市甚至与世界的距离，从而克服区位劣势。在省委、省政府的倾力推动下，贵州开始全面进军大数据领域。

❖　艰难起步

贵州属于亚热带季风湿润气候，夏季平均气温不高于25℃，大部分地区冬无严寒，夏无酷暑，四季分明、春暖风和、雨量充沛、雨热同期，空气质量常年优良；由于远离地震带，灾害风险较低；贵州矿产资源丰富，是著名的矿产资源大省，以"西南煤海"著称，煤炭资源储量居全中国第五位，煤炭不仅储量大，且煤种齐全、煤质优良。水资源蕴藏量也位居国内前六，这对于大数据中心的"大电量"运转来说既能提供廉价、稳定的电力资源，又大大降低了企业的成本；同时，贵州的地理位置较为特殊，贵州省位于我国中部和西部地区的结合地带，连接成渝经济区、珠三角经济区、北部湾经济区，是我国西南地区的重要经济走廊。这些优良的生态环境、能源优势与地理位置为贵州发展大数据基础设施建设提供了独特优势。

贵州从 2013 年设立了大数据的新方向。此时，很多人对于贵州发展大数据的策略并不看好，认为大数据这么高端的产业和贫困落后的贵州，怎么可能扯上关系。然而，贵州省的领导们并没有因为别人的不看好而放弃，反而加快步伐为落实发展大数据而奔波。

2013 年 3 月 1 日，在北京中关村举办的贵州·北京大数据产业论坛热闹非凡，就连走道、门口都站满了参会者。仅仅一天时间，推介会就签下了 700 多亿元的合作协议，在本次推介会上，贵州省政府与中国大数据产业联盟签订合作框架协议。

2013 年 9 月，北京中关村贵阳科技园挂牌。对于贵州、贵阳、贵安新区建设大数据产业的意义，刚到任不久的贵州省委常委、贵阳市委书记陈刚在不同场合反复强调："这是贵州实现后发赶超、同步小康的历史性机遇！"到年底贵州两会期间，贵州以省的名义在北京举办了大数据产业招商会。

在生态文明贵阳国际论坛期间，富士康科技集团总裁郭台铭表示："我会将富士康最新的绿色科技生产线带到贵州来。会把第四代产业基地落户到贵州省贵安新区，发展硬件制造、软件开发、云端网路设计等一系列高科技产业。"贵州省政府与富士康科技集团在贵阳签署了战略合作协议。双方同意进一步提升合作层次，扩大合作领域，在电子信息、商贸流通、生态旅游、人力资源培训、资源深加工等领域展开项目合作，预计为贵州提供 5 万个就业岗位。2013 年 10 月 21 日，富士康贵安新区第四代绿色产业园正式开工，根据初步计划，富士康将在贵安新区打造产业制造园区、养生园区、环保设备园区三大园区。富士康的第四代绿色生产线落户贵安新区，也与看中贵阳大数据产业的发展基础不无关系。

2013 年 10 月到 12 月，中国电信、中国移动以及中国联通三大电信运营商先后与贵州签订协议，将它们的数据中心落户贵安新区，贵州顺势推出了大数据名片。为了能让三大运营商落户贵州，省委书记、省长亲自出马，四处奔波，多次会晤三大运营商总部领导，以满满的诚意感动了三家公司的决策层，使他们首次决定将数据中心布局在同一地方。三大运营商的云计算和大数据中心的建设，为贵州省大数据产业发展提供了新动力。

❖ **静思蓄力**

2013 年，贵州开始对大数据进行深入探索与认真分析，到 2014

年，贵州处在既要"赶"又要"转"的爬坡过坎、转型攻坚的关键期。省委、省政府经过大量调研后认为，把发展大数据产业作为培育和壮大贵州省战略性新兴产业的有效途径，正是落实习近平总书记牢牢守住发展和生态两条底线要求的具体体现，是转变发展方式，推进结构调整和转型升级的重要抓手，是实现科学发展、后发赶超、同步小康的重要路径。

2014 年被称为贵州大数据产业发展的"起跑之年"，贵州从此开启了发展大数据产业的大门。这一年，贵州正式明确了发展大数据产业的目标和任务，出台了全国第一部信息基础设施法规、全国率先开放政府数据目录、全国第一个省级政府数据云服务平台，贵州的大数据产业正式开跑。

发展大数据最重要的是要有丰富的数据资源。但是，中国的国情决定了，我国政府、企业和行业信息化系统建设往往缺少统一规划和科学论证，系统之间缺乏统一标准，形成了众多"信息孤岛"，而且受行政垄断和商业利益所限，数据开放程度较低，以邻为壑、共享难，这给数据利用造成极大障碍。政府作为数据的最大拥有者，开放数据是数据挖掘的重要来源，但开放政府数据存在风险。开放的"度"成为一大难题，究竟开放到何种程度才算合适，成为政府摸索的一个重要课题。大数据企业希望最大限度地开放，而政府必须持保留开放的态度，这个矛盾会始终存在。其实，对贵州省而言，数据开放的程度只是其中的一个问题；另一个难点是对人才的吸引。

在这个关键时刻，国家和贵州省的全力支持为贵州发展大数据产业发展提供了政策保障。2014 年 2 月，贵州省人民政府印发了两个相关文件《关于加快大数据产业发展应用若干政策的意见》和《贵州省大数据产业发展应用规划纲要（2014—2020 年）》，明确指出贵州发展大数据产业的目标和任务，提出贵州将以三个阶段推动大数据产业稳步快速发展，到 2020 年成为全国有影响力的战略性新兴产业基地。

2014 年 3 月 1 日，贵州北京大数据产业发展推介会在北京举行，时任贵州省长的陈敏尔亲自推介。现场共集中签约基础设施及数据中心类、云应用与服务类、端产品制造类及关联带动类等项目 35 个，投资总额为 560 余亿元。

2014 年 3 月 27 日，在"第四届中国数据中心产业发展联盟大会暨 IDC 产品展示与资源洽谈交易大会"（俗称数据业"两会"）上，贵阳被评为"最适合投资数据中心的城市"。贵阳发展大数据产业获业界认可。2014 年 5 月，贵州省大数据产业发展领导小组正式成立，标志着贵州省对于发展大数据产业开始进行初步探索。

2014 年 5 月 14 日，贵阳市人民政府批准印发《贵阳大数据产业行动计划》，加快了贵阳大数据产业发展进程。

2014 年 6 月，贵州省大数据产业发展领导小组第一次小组会议的召开标志着贵州正式发展大数据的开始，会议阐明了把发展大数据产业作为贵州省战略选择的原因。此外，会议还明确了大数据产业的三个关键问题：数据从哪里来？数据放在哪里？谁来应用数据？

2014 年 7 月 21 日，贵州省委改革办和贵州省经济和信息化委员会发表了《大数据产业是贵州经济社会发展的战略选择》的文章，明确指出大数据产业是贵州未来发展的方向。

2014 年 8 月，贵州省贵阳市和贵安新区大数据产业发展聚集区开始建设。贵安新区跻身国家级新区，在财税、投资、金融、产业、土地、人才等方面享有广泛的改革试验权和更加优惠的产业政策，为贵州省经济发展注入了强劲动力，对产业和人才、资金、数据资源的吸引力显著增强。各类政策叠加效应日益显现，为贵州省大数据产业发展带来了难得的机遇。贵州省委、省政府对大数据发展高度重视，将大数据作为贵州省的战略重点之一，为加快招商引资、加速资源集聚、推动大数据产业发展提供了保障。

2014 年 8 月 21 日，"2014 贵阳云计算—大数据高峰论坛暨大数据产业技术联盟揭牌仪式"在贵阳召开。

随后在 9 月 14 日召开了"2014 中国'云上贵州'大数据商业模式大赛"，通过提供贵阳"交通云"数据和云计算平台，为参赛者提供使用大数据解决真实社会问题、探索新的商业创新模式的机会。首届大赛历时 7 个多月，吸引了 8615 支队伍参赛，贵州省政府希望能聚集整个社会的新鲜力量，为贵州的大数据产业发展出谋划策，借此募集商业模式，激发大数据产业优秀创意，助推贵州大数据电子信息产业发展，发现一批优秀的大数据商业模式，推动大数据从理论探讨到商业价值变现；也希望能通过这样的方式，促使优秀的项目落地，并可以将大赛汇集的创意直接应用到社会治理中。事实证明，这样的尝试是成功的。

2014 年 10 月 15 日，"云上贵州"系统平台开通上线，该平台是全国第一个省级政府数据统一管理、交换、共享的云服务平台，向社会开放数据资源。自贵州省推出"云上贵州"发展战略以来，通过一系列的推广活动和政策优惠，投资者和创业者对贵州发展大数据战略的态度已经慢慢从质疑转向认可和看好，贵州省也从一个似乎与大数据产业不沾边的区域变成一个大数据发展的前沿阵地。

2014 年，贵州通过几次规模较大的大数据产业招商活动，共签约项目 160 多个，签约投资总额超过 1700 亿元。为了创造大数据发展的产业基础，省会贵阳在多个领域创造了第一：中国首个大数据战略的重点实验室，中国首个将覆盖全域面积近 8000 平方公里的公共免费 WIFI 城市，中国首个块数据聚集的公共平台，中国首个数据公开示范城市和中国首个大数据交易所。

由于发展大数据产业，2014 年贵州省的 GDP 首次超过 9000 亿元，并且提前一年完成"十二五"8400 亿元的目标；其中，以大数据为引领的电子信息产业实现规模总量 1460 亿元，同比增长 62%。

❖ 奋力前行

经过 2014 年一年的谋划与探索沉淀后，贵州大数据产业的发展成果开始获得社会各界的认可，党和国家领导人在贵州视察期间，对贵州发展大数据产业给予了高度评价。2015 年 2 月 14 日，国务院总理李克强考察北京·贵阳大数据应用展示中心，在详细了解贵阳利用执法记录仪和大数据云平台监督执法权力情况后。李克强说，把执法权力关进"数据铁笼"，让失信市场行为无处遁形，权力运行处处留痕，为政府决策提供第一手科学依据，实现"人在干、云在算"。6

月，习近平总书记来贵州考察，亲临贵州大数据广场，走进大数据应用展示中心，听取了贵州大数据产业发展、规划和实际应用情况报告，贵州省以发展大数据作为突破口推动经济社会发展的探索，给习近平总书记留下了深刻印象。习总书记希望贵州，"守住发展和生态两条底线，培植后发优势，奋力后发赶超，走出一条有别于东部、不同于西部其他省份的发展新路"，并肯定"贵州发展大数据确实有道理"。2015 年 3 月，领导小组在召开的第二次会议上首提"注重大数据开发应用"，由此，贵州的发展重心开始从"基础设施建设"向"应用开发"转变。

既具备了建设数据中心的优越先天条件，及强有力的具体政策支持，又恰逢我国大数据产业高速发展的时机，可以预见越来越多的科技企业会选择将数据中心建在贵阳、建在贵州。这些数据中心，是支撑贵州智慧城市建设，发展云计算服务业的重要基础，从更广义的层面看，还能带动贵州省终端产品制造业的发展。

规模空前的"2015 贵阳国际大数据产业博览会暨全球大数据时代贵阳峰会"在经过种种质疑、在经过一年多的探索与筹备后终于在贵阳举行，贵阳因为这样一个大型国际会议而成为媒体追逐和各界关注的焦点。贵阳的大门此刻已经打开，各路嘉宾通过陆路、航空等陆续向贵阳集结。多彩贵州，因为这一盛会的召开，因为胜友如云、高朋满座，也因为引领当今最为前沿火爆的信息新技术应用浪潮——大数据和云计算而更加多姿多彩！首届贵阳大数据博览会即以高规格、大手笔而有异军突起、惊艳四方之功，贵州大数据产业两年实现翻番的骄人业绩，令世人刮目相看，贵州从此升级为国家级大数据集聚发展示范区，全国首批生态环境大数据建设试点单位，多彩贵州由资源大省向经济强省转型。

过去"涉历长亭复短亭，兼旬方抵贵州城"，今天陆路、航空往返贵州只在顷刻之间，而互联网进一步打破了时空界限，为深入了解贵州提供了极大便利，也为贵州走向世界打开了广阔的视窗。新的信息技术革命在融入传统古老的文化、经济和社会生活的方方面面，必将为大美贵州增添更多的异彩。此刻，数博会敞开胸怀迎接八方的来客，人们带着好奇走进贵阳，离开时心中将会装下大数据应用的绚丽画卷和对贵州转型发展的殷切期待。

2015 年，贵州省大数据产业规模总量达到 2011.5 亿元，同比增长 37.7%，两年实现了翻番。与此同时，贵州还开始强化培育市场主体的重要性。2015 年 6 月召开的大数据第三次领导小组会议强调要为产业业态和应用商创造良好环境。"云上贵州"就是政府主导、市场化运作的典型代表。具体来说，是政府搭建好基础设施层、系统平台层后，将云应用平台层、增值服务层、配套端产品层进行市场化运营。发展路径是在完成园区规划和完善宽带网络等基础设施的同时加快贵州省各领域数据资源建设，启动大数据平台建设实施重点领域应用示范工程。大力引进国家级数据资源库、存储与服务中心、数据灾备中心、超级计算中心，逐步完善产业发展环境，加速吸引以大数据服务为核心的电子信息企业入驻和大数据人才汇集。这一年 9 月，国务院发布《促进大数据发展行动纲要》，提出"全面推进我国大数据发展和应用，加快建设数据强国，推进贵州等大数据综合试验区建设，促进区域性大数据基础设施的整合和数据资源的汇聚应用"。

从加快交通高速公路建设着手，到在信息高速公路上快速挺进，着力大数据产业发展，密切呼应信息革命这股强劲蓬勃的浪潮，并使贵州与国内发达地区站在同一起跑线上，带给贵州"弯道超车"的难得机遇。以大数据产业引领贵州经济结构的改变和生产方式的变革，把它作为实现后发优势的战略引擎，是贵州省委十一届六次全会做出的重大决定：重点实施大扶贫、大数据两大战略行动，是践行五大发展新理念的实际举措，是守底线、走新路、奔小康的重要路径，是深入推进主基调主战略的现实要求；实施大数据战略行动，是一场抢先机的突围战，要把大数据作为"十三五"时期贵州省发展全局的战略引擎，更好地用大数据引领经济社会发展、服务广大民生、提升政府治理能力。如何最大限度地发挥贵阳的先天优势，如何让相关鼓励政策落到实处，仍是我们需要为之不懈努力的方向。

三 群英荟萃,华丽升级

❖ 群英荟萃

4 个年头,悄然间,数博会已经成为全球业界精英的俱乐部、引领行业的风向标、前沿科技的大秀场、世界看贵州的新窗口、业界寻求商机的强磁场,成为贵州向全国、向世界展示的靓丽名片。每年数博会,贵州宛如一片美丽花海,吸引着世界各国政客、知名学者、业界领军企业和人物闻香而来。数博会汇聚了世界大数据领域的领军企业机构和精英,其中,BAT 已经成为数博会的常客。2017 年就有全球 20 个国家的重要嘉宾参会,大数据、互联网、人工智能、区块链等相关领域的国际知名企业、研究机构的首席技术官、首席科学家及主要研究人员占比达 47.1%。微软、谷歌、亚马逊、英特尔、甲骨文、IBM、戴尔、思科、高通、NTT 等世界知名互联网和大数据企业全球高管 152 人参会;全球互联网前 10 强企业有 7 家参会,其中国内 4 家全部参加,国外 6 家有 3 家高管参会。不仅如此,数博会也吸引了世界知名学校和研究机构,美国哈佛大学、麻省理工学院、斯坦福大学、耶鲁大学、加州大学伯克利分校,英国帝国理工学院,印度国家信息技术学院等世界著名学府的 35 名大数据科学家参会,并为数博会带来最新研究成果。2018 年再次刷新纪录,嘉宾达 39709 人(较 2017 年同期增加 15000 余人),500 余名外宾分别来自 26 个国家;参会院士较 2017 年翻一番,达 35 人。数字经济之父唐·塔普斯考特在开幕式上发表重要演讲。高通公司全球总裁克里斯蒂亚诺·阿蒙,Facebook 全球副总裁贾宏钟,阿里巴巴集团董事局主席马云,腾讯集团董事会主席马化腾,百度公司董事长兼首席执行官李彦宏,中国科学院院士赫捷、张钹,中国工程院院士邬贺铨、倪光南等嘉宾在高端对话及专业论坛上发表系列新思想、新理念、新观点。在博览会上,Facebook、谷歌、日本 NTTdata、德国博世均参展,2018 数博会国际化企业参展率达参展企业总数的 40% 以上。数博会还得到了来自美、英、德、印等政府、企业界及学术机构的青睐。美、英、德等国家相关部门和企业与数博会主办方联合举办了主题论坛。

　　数博会的凝聚力太过强大，让专业论坛成为业界新理念、新思想、新思维的碰撞场，成了大咖精英的论道沙龙和论剑擂台，呈现了一场场精彩的思想盛宴。作为一项孕育着巨大创新机遇的前沿领域，大数据在我国发展蓝图上扮演着重要的角色。数博会作为大数据发展的风向标，以"参与、融合、平等、创新"的大数据时代精神塑造了技术交流、成果发布、商业合作、创新展示的独特平台，成为贵州大数据产业与国家接轨，与世界接轨的有效渠道。

❖　华丽升级

　　主办单位"升格"：2015 数博会由贵阳市人民政府、遵义市人民政府、贵安新区管委会、贵州省经济和信息化委员会、中国国际贸易促进委员会北京市分会、中国互联网协会共同主办，全称为"2015 贵阳国际大数据产业博览会暨全球大数据时代贵阳峰会"。随着大数据上升为国家战略，2016 数博会上升为"国家级"，由国家发改委、贵州省政府共同主办，贵阳市、贵安新区、省经信委等单位承办，数博会的名称也由"贵阳峰会"晋升为"中国大数据产业峰会"，是由地区峰会到国家峰会的质的转变。依托全国大数据发展热潮，国家对贵州大数据发展的关注和政策照顾，以及前两届数博会的成功举办和结出的硕果，社会各界对数博会的关注程度越来越高，2017 数博会主办单位变成国家发改委、工信部、国家互联网信息办公室、贵州省人民政府，数博会名称升级为"中国国际大数据产业博览会"，这标志着数博会从国家级博览会到国际级博览会的飞跃。

　　主题升级：从数博会主办主题角度来看，数博会从第一届的"互联网＋"时代数据安全与发展，第二届的智能化问题，到 2017 届数字经济引领增长，再到 2018 届的数化万物·智在融合，实际上是大数据进化发展的四部曲。

　　中国是人口大国、贸易大国、经济大国，也是信息应用大国，拥有海量的数据资源，发展大数据产业空间无限。在十二届全国人民代表大会第三次会议开幕式上，李克强总理在《政府工作报告》中指出："制定'互联网＋'行动计划，推动移动互联网、云计算、大数据、物联网等与现代制造业结合，促进电子商务、工业互联网和互联网金融健康发展，引导互联网企业拓展国际市场"。2015年，国家研究制定"互联网＋"行动计划，"互联网＋"成为当时互联网行业发展的潮流。2013年"斯诺登事件"的爆发，引起了各国政府对数据安全的担忧。而快速发展的互联网产业在对个人数据隐私的保护上也不够重视。同时，"互联网＋"意味着互联网与各种线下产业相结合，使得过去流动性较差的线下数据向线上迁移，如果数据安全性得不到有效保障，影响将远超于过去单纯的互联网行业的信息泄漏事故。在此背景下，"'互联网＋'时代的数据安全与发展"主题顺势诞生。

伴随着AlphaGo战胜李世石，人工智能成为大数据产业发展的新亮点。2016数博会主题也变为大数据开启智能时代。信息化浪潮席卷全球，大数据、云计算、物联网的蓬勃发展，互联网时代迈上了新的台阶。随着德国"工业4.0"、《中国制造2025》一系列重大举措的提出，推动新经济发展和传统产业转型升级以及打造制造强国等国家重点战略的出台，大数据作为新兴产业，将与传统产业融合发展，带动传统产业转型升级。为了进一步提升效率和生产力，打造生产数字化智能化，创新生产、销售新模式，就需要借助大数据技术。大数据的重要性再一次被重新认识，这将推动整个IT产业自身进行一次技术革命。

自杭州G20峰会上习主席提出"数字经济"后，数字经济迅速成为全球热点。数字经济的核心是大数据，是以数据资源的有效使用作为效率提升和经济结构优化的重要推动力的一系列经济活动，数字经济是大数据的价值体现。今天的大数据早已成为一种商品，企业可以在监管之下进行合法数据交易，就像货币流动性越好，国家经济发展就越快一样，数据的流动也将会推动经济的进一步增长。前两届数博会更偏重IT产业自身，2017年"数字经济引领新增长"的主题定调未来经济发展的主要动力将来自IT产业。在完成了数据安全保障、数据技术升级后，IT产业将会在未来推动各个行业进行升级转型。如果将这个升级转型的过程形容成重新装修，那么数据就相当于一种全新的材料。纵观近 50 年的产业发展，从 IT 信息化带动市场发展，到互联网企业引领产业升级，今天的数据已经成为带动经济增长的新火车头。

数据创造价值，创新驱动未来。在互联网技术突飞猛进的时代，各行各业借助大数据技术实现了高质量发展，政府及社会治理现代化实现了数字化转型。数据连接万物，变革万物，融合基于智慧，创造智慧。融合是未来经济社会发展的大势所趋，是转型升级的道路。只有融合发展，才能让数据真正释放价值，才能激发数据的爆发力，只有融合才能实现信息化培育新动能，用新动能推动新发展。中国经济正在从高速增长阶段向高质量发展阶段转变，在此转型的紧要关头，推动大数据、互联网、人工智能与实体经济融合发展，培育数字经济新动能，是未来国家实现经济动能新模式、新增长的突破口。2018 年"数化万物·智在融合"凝聚着大数据发展趋势，也是国家未来发展的策略所在。

质量升级：产业细分化往往伴随着整个产业的成熟而至，从 2015—2018 数博会，可以看到整个活动在主题、规模、展示面积、参展厂商数以及质量的全方位升级。从数博会参会企业来看，是量变到质变的升级。2015 届参展厂商数达到近 400 家，2016—2018 届参展厂商数在"300＋"跳动，虽然数量减少了，但实则是质量的提升。在 2015 数博会上，虽然有阿里巴巴、惠普、戴尔、富士康等 15 家国际顶级企业参会，但小型企业居多，很多企业都是做安全的小公司。数量虽庞大，但所带来的真正具有技术含量的东西却不多。第一届数博会的成功举办以及宣传力度的加大，引起国家政府、媒体、民众、企业单位的极大关注，影响力渐渐增强。2017 届，有 32 家海外企业前来参展，到 2018 届，参会的国外中小型企业和微创企业达 145 家，是 2017 届的近 3 倍。同时，嘉宾层次也大幅提升，2015 届参会嘉宾大多是我国大数据领域的领军人物以及政客，到 2018 届，数博会吸引了来自全球大数据政、商、学、媒的行业精英、业界领袖。英国约克公爵安德鲁王子等国外政要、政府机构官员以及美国、英国、意大利、韩国、新加坡、印度等国家驻华使节，国内知名企业负责人，国际知名企业高管，中外院士，国内知名院校、研究机构的负责人及专家学者，全球未来学和经济学家唐·塔普斯考特等国际知名专家及国外著名学府负责人，国内外知名行业协会及研究机构负责人参加了活动。这表明，数博会的国际影响力稳步提升。4 年时间，数博会已经从最初的国内区域性展会转型成为国际性大型展会。

规模升级：从数博会规模来看，4 年来，数博会的场馆面积从最初的 4 万平方米扩展到 6 万平方米，主题峰会也由 1 个变为 2 个，论坛数量由最初的 22 个增加为 8 个高端对话，65 场专业论坛。论坛模块依据主题的升级，顺应大数据领域发展，主题论坛划分逐渐细化和专业化。随着参会领域的扩大，企业种类的增多，论坛板块的数量显著增加。2015 数博会期间共签约 38 个项目，涉及投资金额近 200 亿元，到 2017 届，达成签约意向项目 235 个，意向金额 256.1 亿元；签约项目 119 个，签约金额 167.33 亿元。2018 届再创新高，参会代表和嘉宾 4.7 万人，外宾有来自 28 个国家的 536 人，合作项目 199 个，促成了逾 350 亿元的合作项目，均创历史新高。同时，在 2018 届，数博会参观人数达到 23 万人次，是 2015 届数博会参观人数的近 5 倍。

数博会的媒体关注度屡创新高。到 2018 数博会，全球共有 193 家媒体 1639 名记者参与报道了大会盛况，记者比 2017 届多 600 人。人民日报、新华社、中央广播电视总台等中央媒体以及美联社、法新社、共同社、《华尔街日报》等国外媒体共 46 家，凤凰卫视、香港商报等港澳台地区媒体 13 家。数博会还与央视财经频道开展战略合作，央视财经频道派出 60 余人团队在贵阳设立报道指挥部，推出"聚焦数博会"专栏，全面报道会议情况。2018 数博会相关稿件在 13 个国家和地区以 3 种语言同时发布，外媒发布总量达 263 家（次）。数博会宣传短片在纽约时代广场纳斯达克大屏上播放。领英、推特、Facebook 等海外社交媒体推送 2018 数博会相关信息 100 余次，实现了全覆盖。国内《人民日报》《光明日报》《经济日报》《中国日报》等传统媒体对数博会的报道累计达 62 次，人民网、新华网、环球网、央视网等重点新闻网站及腾讯、新浪、网易等重点商业网站总计刊发转载稿件 8.9 万余（篇）次，网络浏览量达 38 亿人次。在社交媒体方面，微博对数博会开幕进行了置顶报道，2018 数博会相关话题帖子超过 2900 条，讨论 37.4 万余次，总阅读量超过 3.4 亿；关于微信数博会宣传片、嘉宾语录、展会黑科技等话题的文章出现了高转载。

　　自 2016 年开始，就有国家领导人出席开幕式，英、美等发达国家派出代表参加，国家部委领导、国内外企业家、专家学者以及具有重要影响力和行业代表性的协会组织、机构、媒体都聚集贵阳，共话大数据、发展新未来。数博会不仅获得联合国际电信联盟的支持，英国、美国及东盟等国家和组织也与组委会合作筹办相关专题论坛。4 年来数博会实现了从省级到国家级，再到国际级的两级跳。这两级跳，不仅是大数据产业的两次升级，也是数博会的两次跃进。

表 1-1　　　　　　　　　2015—2018 数博会基本情况

时间（年）	参展面积	参展企业数	参观人次	峰会、论坛数	模块划分
2015	4 万 m²	近 400 家	4 万多	1 个峰会，22 个分论坛	创新与实践、变革与趋势、安全隐私与保护、技术与产业、国际合作与交流
2016	6 万 m²	300 多家	9 万多	2 个峰会，66 个分论坛	经济和社会发展、产业与应用、技术与趋势、安全与个人隐私保护、电子商务
2017	6 万 m²	316 家，海外 32 家	8.7 万多	2 个峰会，77 个分论坛	数字经济新动能、区块链开启产业新价值、大数据开放与共享、智能制造引领新增长、人工智能赋能产业升级、大数据赋能产业升级、数据安全产业新生态 7 大板块
2018	6 万 m²	388 家，海外近 145 家	12 万	2 个峰会，8 个高端对话，65 场专业论坛	数字经济发展、大数据国家治理、区块链等技术产业创新、数据安全保障、大数据与民生、区域合作与交流 6 大板块

　　贵州升级：党的十八大以来，我国开始强调从低附加值向高附加值升级，从高能耗高污染向低能耗低污染升级，从粗放型向集约型升

级的产业转型升级。在整个产业结构中，由第一产业占优势比重逐级向第二、第三产业占优势比重演进。而在贵州，"烟、酒、煤、电"四个产业占据了全省工业总量的60%以上，传统产业结构与新型产业形态严重不协调，造成贵州经济发展滞后。在实现产业升级过程中，贵州发现了大数据这个转型机遇。

4年前，国内外对贵州的认识大多局限为"黄果树大瀑布，遵义会址，避暑之都"等旅游名词，现今，一谈到贵州，人们又多了一个名词，"数博会"。贵州凭借自己得天独厚的自然条件和地域优势，成为"中国天然机房"，为大数据产业提供了基本保障。同时，党和国家的支持给予贵州发展大数据的后天条件。比如，2016年颁布的全国首个大数据地方法规《贵州省大数据产业发展应用条例》，获批建设首个国家大数据（贵州）综合试验区。优秀的地理环境和政策支持吸引了大量公司来到贵州建设数据中心，为举办数博会奠定了坚实的基础。

数博会格调的提升和规模的扩大，深刻地影响着贵州经济的发展。贵州凭借大数据的东风，从空白到赶超，从"制造"到"智造"，大力实施工业强省战略，工业规模增长位居全国前列，科技贡献率也明显增加。"八山一水一分田"的贵州，因其复杂多样的生态环境，孕育了丰富的矿产、能源资源，也形成了其发展畜牧业、果蔬、茶叶、中药材等特色农业产业的优势和潜力。然而，当地大量的土特产"藏在深山人未识"。贵州实施电商驱动农村全面发展新战略，电商入村带动了贵州买卖交易的互联网化，越来越多的农产品上线的需求则形成了电商运营服务行业市场，给返乡人才提供了更多的创业机会。农业产业集约化经营促进农村土地流转，让农民增收、转变为产业工人。农特产品乃至农村地区本身的旅游价值如何品牌化经营，正在成为政府、企业大力推进的事业。数据显示，2016年，贵州全省电子商务交易额达到1436亿元，同比增长了34%，其中网络零售交易额达到619亿元，同比增长了33%，增速位居全国第四，西南地区第一。

数博会通过展会、比赛等形式，促成一批优秀大数据创新项目落地贵州，为贵州推动数据技术和资源的产业变现提供了便利的渠道。凭借数博会平台，吸引大数据企业齐聚贵州，三大运营商数据中心的运营，腾讯数据中心的落地，苹果公司宣布中国内地的 iCloud 服务将交由云上贵州公司负责运营，微软、英特尔、戴尔、博科、威图等国际顶尖公司资源集聚。这不仅助力实现经济转型，也带动了贵州经济的快速发展。相关数据显示，2015 年，贵州以 10502.56 亿元的经济总量首次跻身"亿万俱乐部"，并以 10.7% 的高增速排名全国第三。依托大数据，今天的贵州省行驶在弯道取直、后发超车的道路上，携手国家战略，贵州省面向世界举办数博会、发展大数据。如果说大数据是贵州发展的机遇，那么数博会则是贵州发展的窗口。

四　数字中国，数博引领

❖　从"大数据"到"数字中国"

从大数据概念引入中国，再到我国迈入大数据时代，一场深刻的革命悄然开始。大数据产业逐渐渗透，引发各行各业开启变革升级之路，同时也衍生出很多新业态。

从 2014 年《政府工作报告》首次提出"大数据"开始，大数据就成为一种新兴产业，正式亮相中国舞台。报告提出，"设立新兴产业创业创新平台，在新一代移动通信、集成电路、大数据、先进制造、新能源、新材料等方面赶超先进，引领未来产业发展"。

从这一年开始，我国大数据创新能力不断提升，政府积极的支持政策与适度宽松的发展环境，大数据创业公司崛起，初步形成了以数据采集、分析等技术为支撑的，由数据中心和应用场景等构成的产业生态环境，通过对数据的统计、分析、挖掘和应用，市场规模达到 84 亿元，大数据产业开始加速发展进程。也是在这一年，贵州省审时度势，站在与发达地区相同的起跑线上，紧抓发展大数据机遇，开启大数据助力贵州转型之路。

2015 年，我国《促进大数据发展行动纲要》出台，党的十八届五中全会进一步提出要在"十三五"期间实施国家大数据战略，大数据上升成为国家战略。贵州凭借自身的大数据发展经验与成果，创新大数据产业发展道路，探求未来大数据发展方向，举办首届"大数据产业博览会"，取得巨大成功，使得社会各界对大数据的期待和关注上升到了前所未有的高度。这一年，大数据成为炙手可热的一大关键词。通过数博会聚集的国际性资源和要素，国内首家大数据交易所——贵阳大数据交易所顺势诞生，并获得李克强总理的批示。大数据应用"生根开花"，市场规模已达115.9亿元。

将大数据作为战略性新兴产业提升到国家战略层面，使得新兴产业和新兴业态成为竞争高地，有效地推动了移动互联网、云计算、大数据、物联网等与传统行业的结合。以党的十八届五中全会为节点，大数据国家战略逐步落地。

2016年，工业和信息化部正式印发了《大数据产业发展规划（2016—2020年）》，全面部署"十三五"时期大数据产业发展工作，加快建设数据强国，为实现制造强国和网络强国提供强大的产业支撑。顺应国家政策和大数据发展趋势，以"大数据开启智能时代"为主题的第二届数博会拉开帷幕，与建设数字强国、制造强国等战略相呼应，数博会开设产业与应用、技术与趋势、经济与社会发展等主题论坛，涉及智慧城市、工业互联网、大数据的融合发展等领域，寻求"智能时代"的建设之路。

2016年，大数据产业发展环境进一步优化，技术创新取得明显突破，涌现出一批新技术、新业态、新模式，以及在商业模式上创新发展的大数据创业公司。贵州作为首批国家大数据试验示范区，积极出台大数据产业创新措施，成为我国首个开放政府数据的省份，释放政府数据价值，激活数据资产，落地数据应用，助力贵州大数据产业发展，增加经济盈利，为我国其他地区开放政府数据开了一个好头。

随着信息技术、互联网和人类生活生产方式的交汇融合，以计算机、网络、通信为代表的现代信息技术革命催生了数字经济。从我国迈入大数据时代开始，一场深刻的革命悄然打响。

我国作为人口大国、信息大国、数据大国，每天产生的数据不计其数，如何将这些信息数据资源化、日常行为数据化是大数据时代需要解决的任务，小到数字交通、数字环保、数字城市，大到数字政府、数字经济、数字中国，数据资源取之不尽、用之不竭，并在无限循环中交互作用，释放出难以估量的价值。

党的十八大以来，以习近平同志为核心的党中央高度重视信息化发展，加强顶层设计、总体布局，做出建设数字中国的战略决策。2017年，习总书记在党的十九大报告中强调，要加快推动互联网、大数据、人工智能和实体经济深度融合，加快推进科技创新，建设网络强国、数字中国、智慧社会，发展数字经济、共享经济，培育新增长点，形成新动能。同年，数博会的开启和再次升级，数博会平台变得更加专业化、国际化，"数字经济"在大数据领域国际化舞台上再次提出，数字经济成为世界经济发展的新模式、新潮流，世界各国都把推进经济数字化作为实现创新发展的重要动能，对经济发展、国家管理、社会治理、人民生活产生了极大的影响。

数字中国的建设，建立在数字经济时代基础上，以大数据、互联网、人工智能等新一代信息技术为基础，以海量数据的互联和应用为核心，将数据资源深刻融入产业创新和改革升级的各个领域，催生出越来越多的新经济增长点。在政策和需求的双重驱动下，中国数字经济发展已经进入快车道，建设数字中国指日可待。

❖ **数博引领**

数字中国是新时代国家信息化发展的新战略，是打造制造强国、网络强国的核心力量，也是改善政府治理、惠民利民的有效手段，同时对转变经济发展方式，促进产业转型升级，创新社会管理，保障和改善民生也发挥着重要的促进作用，更是对提升整个社会的运行效率乃至国家竞争力发挥着至关重要的作用。数字中国涵盖经济、政治、文化、社会、生态等各领域信息化建设，包括"宽带中国""互联网+"、大数据、云计算、人工智能、数字经济、电子政务、新型智慧城市、数字乡村等内容。

从步入信息时代开始，数字中国的建设从未止步，回顾近20年来的信息化推进历程，数字中国面临的环境、条件和内涵一直发生着变化。数字中国的发展历程可大体概括为以下四个阶段。

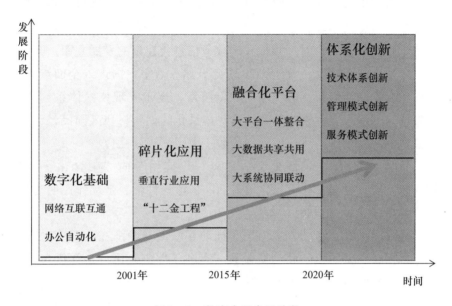

图 1 - 1　数字中国发展阶段

数字化基础阶段：主要指 2001 年之前，计算机代替部分人工，提升了数据处理、文件办公的效率，这个时期，各行各业基本实现了网络互联互通和办公自动化管理。此阶段，也是我国信息事业发展的初级阶段。

碎片化应用阶段：2002 年第一个国家信息化规划——《国民经济和社会发展第十个五年计划信息化重点专项规划》颁布，政府开始大力推进经济和社会的信息化战略，以"十二金工程"为代表的垂直部委应用开始逐步规划实施落地，各级地方政府以及部分应用领域规划建设了相当数量的应用系统，为具体业务领域的运营效率带来了很大提升，但同时也呈现出"碎片化推进"的特征，形成了部分信息孤岛和数据壁垒。

融合化平台阶段：2015 年国家正式出台大数据发展行动纲要，明确了通过大数据推动社会生产要素的网络化共享、集约化整合、协作化开发和高效化利用。2017 年出台的《"十三五"国家政务信息化工程建设规划》明确提出，大力加强统筹整合和共享共用，统筹构建一体整合大平台、共享共用大数据、协同联动大系统，推进解决互联互通难、信息共享难、业务协同难的问题，将"大平台、大数据、大系统"作为较长一个时期指导我国政务信息化建设的发展蓝图。

体系化创新阶段：预计从2021年开始，数字中国进入全面渗透、跨界融合、加速创新、引领发展的新阶段，逐步实现技术体系创新、管理模式创新、服务模式创新，这些体系化的创新将切入国民经济和社会发展各领域，构建全面发展的数字中国、智慧社会。

当前，数字中国发展处于从"碎片化应用"向"融合化平台"转变的阶段，亟须发挥信息化覆盖面广、渗透性强、带动作用明显的优势，培育发展新动能。

从需求侧看，建设数字中国，推动互联网与经济社会深度融合，创新数据驱动型的生产和消费模式，有利于促进人民群众深度参与，不断激发新的需求。从供给侧看，发展数字经济，推动信息化与实体经济深度融合，有利于提高全要素生产率，提高供给质量和效率，更好地满足人民群众日益增长、不断升级和个性化的需求。同时，数字中国未来发展还存在一些问题和挑战。在技术层面，技术产业生态系统不完善，自主创新能力不强，网络安全形势依然严峻；在业务层面，数字经济发展区域不均衡，信息资源开发利用和公共数据开放共享水平不高、流动不畅，应用领域不广泛、应用程度不深，离满足民生和治理需求还有一定空间；在制度层面，制约数字红利释放的体制机制障碍仍然存在，数据所有权、隐私权等相关法律法规和信息安全、开放共享等监管制度、标准规范不健全。

数博会是我国大数据国家战略的重要组成部分，也是建设数字中国的重要节点。数字中国建设非常重要的一项工作——大数据的开发应用是数字中国的基础支撑。数博会作为大数据领域发展的风向标，传递出数字中国建设发展的步骤。

无处不在的数据，正在凸显其价值。在此背景下，催生出数字经济。从贵州选择大数据开始，注定一场不凡的变革升级在贵州生根发芽，数博会的加持，为贵州发展大数据产业、数字经济注入了营养液。贵州良好的生态环境，是中国建设天然机房的首选。空气洁净、四季温差不大使数据中心运营成本大大降低。电力稳定且价廉，多山多洞穴的喀斯特地貌成了数据灾备中心的理想场所。这成为三大电信运营商、富士康、苹果等世界知名企业把数据中心放在贵州的理由。名企的入驻，坚定了贵州发展大数据的信心。在数博会的带动下，贵州积极作为，抢占先机，先后建立了全国首个大数据省级综合试验区，在全国第一个出台数字经济发展规划，建成第一个省级数据集聚、共享、开放的系统平台，设立全球第一个大数据交易所，挂牌运行第一个国家大数据工程实验室。一个朝阳产业在多彩贵州的土地上蓬勃发展起来。

物流与大数据相遇，不仅得到速度，还是整个行业的资源精准匹配和共享以及更加智能化的解决方案；贵州货车帮，改变了中国公路货运物流业态，战略重组后已成为全国最大的大数据物流平台；全国首家"云链"服务商——白山云科技，深耕云分发、云存储和云聚合业务，已入选全球顶级 CDN（内容分发网络）服务商，云业务服务中国 70% 的互联网用户；5G 技术的实现，将深层次改变媒体传播产业、工业制造和远程控制，甚至深刻影响工业互联网的发展方向。在数博会上，这些成果比比皆是。2017 年，贵州数字经济增速达 37.2%，位列全国第一；以大数据为引领的电子信息制造业增加值增长 86.3%，成为工业经济第二大增长点；有大数据企业 8900 多家，大数据产业规模总量超过 1100 亿元，苹果、高通、微软等 7 家位居全球前十的互联网企业在此落户，阿里巴巴、华为、腾讯等互联网领军企业在此扎根发展。

智慧社会是数字中国新时代发展的前景和方向，党的十九大报告明确提出建设"智慧社会"的新理念。与"智慧城市"概念相比，智慧社会的内涵更广、覆盖范围更宽，更体现出"以人为本"的发展理念。在内涵上，智慧社会不仅要解决城市病等具体问题，还注重解决深层次的矛盾问题。在覆盖范围上，智慧社会统筹兼顾城乡、区域、人与自然的全面智慧发展，解决发展不平衡、不全面、不可持续的矛盾。在理念上，智慧社会强调突出人民的主体地位，通过群众参与打造"共建共治共享的社会治理格局",让群众在此过程中拥有更多的参与感、获得感、幸福感,同步提升治理社会化、法治化、智能化、专业化水平。

借助数博会平台,贵州在建设智慧社会方面取得了较好的成绩。贵州通过开放政府数据,着力建设数据时代基础设施,以融合数据为路径,政府带头使用大数据服务和产品。实施了包括电子政务云、工业云、交通云等重点应用示范项目在内的"7+N"云工程。积极探索数据交换机制和交换技术,以政府购买大数据服务为示范,由政府、企业之间的数据交易逐步拓展到政府与企业、企业与企业之间的数据交易。率先启动建设全国大数据交换和交易市场,对数据做估价交易,鼓励产业链上下游之间进行数据交换,培育面向应用的数据资产交易市场。

智慧社会的建设提高了社会治理效率,改善了公共服务条件,为人民带来便利。同时,利用信息技术发展,为贵州打赢脱贫攻坚战注入力量。消弭城乡数字鸿沟、区域数字鸿沟,进而实现信息网络宽带化、基础设施一体化、基本公共服务均等化、产业发展联动化、社会治理精细化。

数博会作为大数据领域成果展示平台,从2015年《大数据贵阳宣言》开始,到2018年《中国数谷》《块数据4.0》《大数据蓝皮书No.2》,发布了众多重大理论创新成果,为数字中国的发展夯实了理论基础。与此同时,在数博会上发表的科技成果,将成为数字中国建设的技术基础。四届数博会,三次飞跃,这个国际性舞台,为"数字中国"的建设提供了良好渠道。

数博会是新窗口。已进入工业化、城镇化加速发展新阶段的中国,在培育业务市场、优化创新环境、健全投融资体制等方面进行了有益的探索。发展大数据产业的坚实基础和独特优势,将通过峰会向世界透彻展示。

数博会是新支撑。我们正站在新一轮科技革命和产业变革的门口。数博会的举办,将为我国跨越数字鸿沟、突破工业化和信息化"两道门槛"提供新的强有力的支撑。借力大数据,实现"两化"深度融合，带动我国产业转型，推进跨越赶超，愿景可期，曙光在前。

数博会是新"燃点"。数博会的举办将形成产业集聚"链式反应"，有力地推动与大数据相配套的电子信息产业发展，加快商务、金融、信息等现代服务业的发展，形成产业联动、上下游企业集聚、龙头企业带动、产业核心价值突出的信息产业集群。

五　筑巢引凤，开放迎客

❖　**筑巢引凤**

贵阳市从 2013 年起就开始谋划大数据，2014 年 2 月 25 日，贵州省人民政府印发《关于加快大数据产业发展应用若干政策的意见》和《贵州省大数据产业发展应用规划纲要（2014—2020 年）》。

2015 年 5 月 26 日，贵阳市举办了首届"数博会"，累计有 35 家企业与贵阳市达成合作意向，签约大数据产业相关项目近 40 个，投资金额超过 200 亿元。

2016 年 5 月 26 日至 29 日，"中国大数据产业峰会暨中国电子商务创新发展峰会"，简称"2016 数博会"在贵阳市如期举办，大会以"大数据开启智能时代"为年度主题，这是一场高档次的人工智能盛宴，贵阳市再次吸引了世界的目光。

2017 数博会正式升格为国家级博览会，成为一个兼具国家高度和国际视野的全球大数据盛会。2017 年 5 月 25 日，中国（贵州）"数字丝路"跨境数据枢纽港启动仪式在贵阳举行。本次数博会以"数字经济引领新增长"为年度主题，达成签约意向项目 235 个，意向金额 256.1 亿元；签约项目 119 个，签约金额 167.33 亿元。

2018 年 5 月 26 日，"2018 中国国际大数据产业博览会"在贵阳开幕，此次大会以"数化万物·智在融合"为年度主题，参会人数和参展企业规模都创历史新高。

❖　**未来可期**

贵州是一个"懂大数据的地方"。2013 年，贵州开始做大数据，比国内其他地区"抢跑"了两年，目前，"抢跑"的贵州已经成为全国首个大数据综合试验区。贵州的远见在于举全省之力举办大数据会议，国家支持贵州大数据中心，把一个偏远的省份一下子带到了世界前沿，从某种角度而言，从"跟跑者"成为大数据产业"领跑者"，大数据为欠发达的贵州和贵阳提供了一次史无前例的、赶超其他省份的机会。中国工程院院士高文说："不管你是否认同，大数据时代已经来临，并将深刻地改变我们的工作和生活。"大数据正在改变着你我，而贵州这片"试验田"又是怎样融入大数据世界的呢？云上贵州大数据（集团）有限公司党委书记、董事长康克岩的答案是："用科技创新和制度创新发展大数据。"中关村智酷双创人才服务有限公司总经理赵强的答案是："贵州有群懂大数据的人，每天都在为发展大数据而努力奋斗。"

省会贵阳地处北纬 26 度带，其引领的黔中经济区，北邻成渝，东近长株潭，南靠北部湾经济区，西接环东盟经济区，堪称中国西部的"十字路口"。贵州交通便利，拥有完善的航空、铁路、公路网，已形成"一干八支"机场布局，以贵阳龙洞堡国际机场为中心的中枢轮辐式航线网络，使贵州与大江南北实现无缝对接，优越的区位优势奠定了大数据发展的坚实基础。

"作为数博会的发源地和举办地，数博会的举办，为贵阳带来了前所未有的机遇，和全方位的、多角度的、深层次的影响。"贵阳市委副书记、市长陈晏如是说。首先，数博会为贵阳搭建了大平台，每年举办的数博会，创新创业大赛、主题多样的项目路演、各类黑科技成果的发布，让想法和方法见面对号，让"我的需求跟你的研发无缝对接"，衍生出一系列化学反应，为贵州、贵阳大数据发展从量的发展到质的飞跃准备了足量的养分，在首届"数博会"痛客大赛中脱颖而出的优秀企业，落户贵阳后成长飞速，2019 年估值将达到 10 亿美元。其次是为贵阳聚集了大资源，贵阳以大数据为媒，汇聚了全球大数据行业精英，展示出最新的大数据科技成果，让"爽爽的贵阳"成为广大企业投资兴业的首选之地。再有就是为贵阳带来了大发展，2017 年，贵阳市大数据企业达到 1200 户，实现主营业务收入 817 亿元，大数据企业纳税额达到 110 亿元，以大数据为代表的新动能为经济增长的贡献率达到 33%，为贵阳经济增速连续 5 年位居全国省会城市第一、实现跨越式发展注入了强大动能。

从数博会本身来说，四届数博会推动了贵阳大数据产业的发展，同时还扩大了贵阳在国际国内的知名度和影响力，奠定了贵阳成为中国大数据中心的基础。还有一点不容忽视的是，数博会带来了更多的游客，促进了旅游发展，拉动了贵阳甚至贵州的旅游经济。换另一个角度而言，大数据产业促进了贵阳经济发展，大数据本身就是一个万亿元级别的产业，如今贵阳大数据产业的经济规模已经上千亿元，在接下来的几年里，毫无疑问贵阳的大数据产业达到万亿元级别不是梦。众所周知，贵州长期以来都是欠发达地区，不仅吸引不了人才，而且留不住人才，使得贵阳越发难以发展。大数据企业的进驻，带来了大量的人才，"贵漂"已经成为一种时代潮流。在前两年里，提起贵阳市发展大数据优势，还是自然条件和气候条件；通过这几年的努力和发展，贵阳大数据已经具有品牌效应，它与乌镇世界互联网大会东西呼应，错位发展，并形成了"东有乌镇互联网大会、西有贵阳数博会"的格局。

在贵州发展大数据之前，贵阳很多人都不知道什么是大数据，对于为什么要发展大数据也是打了很多问号的，但是，通过这些年大数据的发展，很多人开始学习和了解这个新事物，知道了何为大数据，并且看到了实际的好处，比如在推动实体经济发展，服务民生改善和社会治理等方面发挥了事半功倍的效果，大家的疑虑慢慢解开，并有了大数据思维，而且在看到大数据真实的好处之后，真正地认定了大数据。

乘着大数据的东风，贵阳经济不断增长，2016 年的《贵阳市国民经济和社会发展统计公报》显示，"贵阳市全年实现生产总值 3157.70 亿元，比上年增长 11.7%。分产业看，第一产业增加值 137.14 亿元，比上年增长 5.9%；第二产业增加值 1218.79 亿元，比上年增长 12.1%；第三产业增加值 1801.77 亿元，比上年增长 11.9%。人均生产总值 67771 元，比上年增长 10.1%"。在澎湃新闻制作的 2017 年各省市区 GDP 增速汇总中，贵州的 GDP 以两位数的增速领跑全国，贵阳这座城市贡献了不少的力量。2017 年，中国城市竞争力研究发布会发布的"2016 年中国城市成长竞争力排行榜"中，贵阳排名第 20，该榜单包含了中国 358 个城市。在 2017 年"中国最佳表现城市"中，贵阳与成都、重庆包揽前三名，超越了北上广深。在 2017 年华顿经济研究院发布的"中国百强城市排行榜"中，贵阳名列第 41，比 2016 年提高 9 位，上升幅度大，城市经济实力越来越雄厚。贵阳的城市竞争力越来越强，机遇越来越多，更具活力。

在未来几年里，大数据产业在一定程度上会呈上升发展状态，大数据的发展将呈现出以下趋势：

首先，"数据"已经成为企业、政府和社会的重要战略资源，获得"数据"，就是抢占市场先机，数据的资源化转变，使得未来越来越多的企业加入大数据行业。

其次，云处理为大数据提供了弹性可拓展的基础设备，是产生大数据的平台之一；机器学习通过分析现有的大数据存储库会得出改变应用程序行为的结论，在大数据技术中扮演着重要的角色；边缘计算作为一种新技术，在处理物联网大数据上取得了较大的突破，边缘计算的出现，加快了大数据分析的过程，还能减少存储和基础设施成本。未来大数据的发展离不开与云计算、机器学习、边缘计算等前沿创新技术的深度融合。

然后，当"数据资产是企业核心资产"的概念深入人心之后，企业对于数据管理便有了更清晰的界定，将数据管理作为企业核心竞争力加以持续发展，战略性规划与运用数据资产，成为企业数据管理的核心。数据资产管理效率与主营业务收入增长率、销售收入增长率显著正相关。此外，对于具有互联网思维的企业而言，数据资产竞争力所占比重为 36.8%，数据资产的管理效果将直接影响企业的财务表现。数据管理将成为核心竞争力。

另外，大数据的世界不只是一个单一的、巨大的计算机网络，而是一个由大量活动构件与多元参与者元素所构成的生态系统，终端设备提供商、基础设施提供商、网络服务提供商、网络接入服务提供商、数据服务使用者、数据服务提供商、触点服务、数据服务零售商等一系列的参与者共同构建形成生态系统。而今，这样一套数据生态系统的基本雏形已然形成，接下来的发展将趋向于系统内部角色的细分，也就是市场的细分；系统机制的调整，也就是商业模式的创新；系统结构的调整，也就是竞争环境的调整，等等，从而使得数据生态系统复合化程度逐渐增强。

最后，目前关于大数据相关理论体系尚未成熟，对行业标准、概念定义还没有统一说法，而众多学者又进行着诸如块数据、粒数据、全局数据等新的理论探索。随着学科建设的深入，以及对块数据、粒数据等大数据创新理论的不断探索，大数据学科自身的理论体系将得以建立。在大数据技术丰富完善过程中对学理基础的探索将发挥更大的作用。同时不同学科领域的数据科学应用将不断确立和完善，在此基础上有望实现诸多学科在数据层面的一致性。

现在，数博会正敞开胸怀迎接八方来客。人们带着好奇而来，离开时心中将会装下大数据应用的绚丽画卷和对贵州转型发展的美好期待。贵州，是否能够满足这份殷勤的期待呢？在 DT 时代，一切皆有可能。对于发展大数据的贵州，未来可期。

第二章　历届数博会概览

中国国际大数据产业博览会，作为全球首个大数据主题博览会，已连续在贵州贵阳成功举办了四届，得到了国内外业界的高度评价和认可。数博会通过展览展示、峰会论坛和创新大赛等形式，展示前沿技术，探讨发展趋势，催生新兴业态，云集业界精英，为全球大数据产业搭建了一个高端、前沿、全面的交流合作平台。

以"'互联网+'时代的数据安全与发展"为主题的"2015贵阳国际大数据产业博览会暨全球大数据时代贵阳峰会"，围绕大数据时代的变革、机遇与挑战，通过展览展示、峰会论坛和创新大赛，综合呈现出大数据技术、应用和发展趋势，首届数博会的召开即惊艳四方；2016数博会"升格"为"2016中国大数据产业峰会暨中国电子商务创新发展峰会"，年度主题为"大数据开启智能时代"；2017数博会升格为国家级博览会，以"数字经济引领增长"为年度主题，主要活动内容为"同期两会、一展、一赛及系列活动"即"中国国际大数据产业博览会与中国电子商务创新发展峰会""中国国际大数据产业博览会专业展""2017数博会最佳大数据挖掘分析（工具）大赛"；2018数博会在"数据创造价值 创新驱动未来"的大会主题下，以"数化万物·智在融合"为年度主题，来自全球的大数据企业、大数据精英汇聚一堂，展示了最新的大数据创新成果，共谱大数据未来发展篇章。

一 "互联网+"时代的数据安全与发展

——2015 贵阳国际大数据产业博览会
暨全球大数据时代贵阳峰会

❖ 大会概况

在数据为王新时代，风起"云"涌看贵阳。5 月 26 日，全球首个以大数据为主题的展会和峰会——"2015 贵阳国际大数据产业博览会暨全球大数据时代贵阳峰会"在贵阳正式拉开帷幕，贵阳迎来一场激动人心、万众瞩目的大数据时代"英雄汇"。多彩贵州，爽爽贵阳，因为大数据而牵动世界目光。

面对正在进行的数据革命，偏居西南一隅的贵阳，以超前的战略思维，以引领潮流的担当精神，以踏实、稳健、快速的实际行动，在我国全面转型的关键时期，在全球新科技革命加速来临的时代，书写了浓墨重彩的历史性一笔。贵阳数博会的开幕，不仅意味着贵阳在打造"中国数谷"、抢占数据革命先机方面取得了阶段性成果，也标志着一个全新时代的盛大开启。国务院总理李克强为此次盛会发来贺信，国务院副总理马凯亲自参加会议并做了发言。参加会议并发言的国家和地区领导人还有贵州省委书记、省人大常委会主任赵克志，贵州省委副书记、省长陈敏尔，工业和信息化部副部长怀进鹏等领导，他们在发言中都提出"2015 贵阳国际大数据产业博览会暨全球大数据时代贵阳峰会"创建了一个全球化、专业化的平台，各方应加强交流，深化合作，推动大数据产业加快发展。随后，马云、马化腾、阿南德、郭台铭、许罗德、周鸿祎等行业巨头围绕"'互联网+'时代的数据安全与发展"发表精彩演讲，激发了与会者的一阵阵掌声。此次峰会还邀请了行业内众多专家举行论坛，就大数据发展趋势，大数据的整合、管理、安全控制以及"互联网+"等广受关注的问题和参会者进行了充分的沟通和交流。同期，江苏华群科技董事长卢卫就大数据时代如何从海量数据中快速甄别、提取合理的信息，加快"互联网+"的应用开发速度提出了全新的"数据通"概念，受到了与会者的高度重视。

在此次数博会上，主办方联合中国信息安全测评中心、中国互联网协会、阿里巴巴、富士康等 50 多家国内知名大数据企业、机构和媒体共同发起《大数据贵阳宣言》。

此次数博会设立四大展馆，包括谷歌、阿里巴巴、惠普、富士康等在内，共有来自全球大数据领域的 380 余家领军企业亮相，展会面积约 6 万平方米，会展接待参观人数突破 6.4 万人次。

贵阳数博会占尽天时、地利、人和之势，集首发性、全球性、高效性、专业性、变革性等于一体，为全球大数据领域协同创新搭建了一个超大平台。大数据时代，敢问路在何方？贵阳数博会给出了答案。

大数据有多"大"？超乎我们的想象，超越我们的梦想。李克强总理在贺信中说："数据是基础性资源，也是重要生产力"，"中国是人口大国和信息应用大国，拥有海量数据资源，发展大数据产业空间无限"。大数据正以人们想都不敢想的速度深刻地影响和改变着我们的生产生活方式，那么大数据产业前景该有多好，"数据财富"该有多大，不难想象。贵阳大数据产业的生动实践，给全国各地乃至世界大数据财富博弈提供了一个现实样板。在快速拿下六个关于数据的"全国第一"的同时，阿里巴巴、IBM、英特尔、惠普、戴尔、百度、浪潮、神州数码、中国普天、中兴通讯等信息产业龙头企业纷纷向贵阳伸出橄榄枝。"云"上贵阳迎风疾驰，牢牢地抓住了后发优势，走在了时代前列。站在未来看待今天，把握未来发展先机，这是一个企业基业长青的秘密，也是一个民族和国家实现伟大复兴的关键。恰如马云所言，世界正在发生很大变化，未来 30 年，是人类社会最精彩的 30 年，也是令人期待的 30 年，又是令人恐慌恐惧的 30 年。一个互联网大佬的期待和恐惧，恰恰道出了大数据时代风起云涌的大众创业、万众创新热潮。大数据的裂变力量正在凸显，如果 10 年后你不想在抱怨和埋怨中度过，就张开臂膀去拥抱这个风起"云"涌的大数据时代吧！"在大数据的发展上，贵州非常有远见，而且下了很大的决心。"周鸿祎认为，贵州迎来了一个很好的机会，他建议可以利用大数据在"互联网＋"时代实现"弯道超车"，把贵州打造成大数据"互联网＋"强省。"对贵州我很有信心，360 很乐意到贵州来，与贵州一起解决好大数据安全问题。"贵阳数博会永不落幕的根本原因就在于此。

❖　**亮点纷呈**

在此次数博会上，包括阿里巴巴、微软、谷歌、英特尔、富士康、华为在内的 1000 多家全球知名企业参展，国际精英馆、大数据应用馆、大数据设备馆、大数据软件与服务馆四大主题场馆，展区面积超过 4 万平方米……

1 号馆：中外名企馆。微软、阿里巴巴、富士康等 10 余家世界级企业，均在此布置大型展区，综合展示该企业与大数据相关项目和应用。富士康展位总面积约 1500 平方米，是本次博览会上最大的展位。

2 号馆：主打智慧金融：中关村大数据产业联盟、京东集团，以大数据交易所为代表的大数据金融板块，以丹麦、瑞典、日本横滨展区为代表的智慧城市板块，以携程、去哪儿等为代表的大数据旅游板块等都是值得关注的亮点。

3 号馆：大家可以看到大数据与我们生活相融合的智能生活场景：能实现 24 小时不间断监测儿童体温、支持手机 APP 体温报警和记录体温曲线的"发烧总监"；刺入式动态血糖监测仪，让糖尿病患者不用再承受每日一遍遍抽血的痛苦……这些运用大数据而研发的最新智能硬件，都将闪亮登场。

4 号馆：重点突出草根创新，集中展示"2015 贵阳大数据草根创新公开赛成果"。在现场，市民不仅有机会免费获得使用激光切割机、3D 打印机、碰撞打印机制造的各种小礼品，还能体验手机背壳立体打印，私人定制拥有自己头像的 T 恤，参与无人机拼装及操控赛。

❖ **瞩目成就**

1. 从数博会的视觉冲击看数博会的重要性

刚上飞机，随手翻翻航空杂志，就被整版整版大篇幅"贵阳数博会""大数据""产业园"的报道惊到了，我敢肯定数博会已经占据了这本杂志的 1/3，同行的伙伴都不禁感叹，难道数博会买下了这本杂志？下了飞机，嗬，数博会何止是买下了这本航空杂志，简直是买下了整个机场！出口处的数博会展台，机场出入口的横幅，机场大巴的车身广告，停车场的背板广告，入目所及，都是"数博会"。感到惊讶的可不只是我们，站在机场口等车，都能听到来往游人询问同伴或自言自语念叨随处可见的广告牌上的文字。

别以为这样就可以了，实际上，接下来的才更精彩，从机场出发，沿途的立柱广告牌，路引，街头小巷，栅栏围墙，你想不到的看得到的地方，数博会的广告随时随地出现在你的眼前，冲击着你的视觉，最有意思的是，在从酒店去数博会展示厅的路上，询问司机师傅是否听说过数博会，司机师傅回头看了我一眼，说："当然知道啊，车后灯箱广告有打啊……"我可以肯定，当时我一定被鄙视了。不管

（图片来源：比特网）

（图片来源：比特网）

如何，总之，贵阳数博会成功地将信息传递到贵阳每个角落。这不仅体现出贵州政府对此次数博会的重视，而且体现了大数据产业对贵阳乃至贵州的重要程度。（引自比特网，王婷婷）

2. 数博会的产业链价值

数博会给贵州带来的不仅仅是个活动、论坛。它的价值在于产业链本身的影响力，一个产业链的成形带动的可能将是整个经济体系的发展，例如，交通、电子商务、房地产。正如李克强总理所说，当今世界，新一轮科技和产业革命正在蓬勃兴起。数据是基础性资源，也是重要生产力。大数据与云计算、物联网等新技术相结合，正在迅疾并将日益深刻地改变人们的生产生活方式，"互联网＋"对提升产业乃至国家综合竞争力将发挥关键作用。他强调，中国是人口大国和信息应用大国，拥有海量数据资源，发展大数据产业空间无限。中国正在研究制定"互联网＋"行动计划，推动各行各业依托大数据创新商业模式，实现融合发展，推动提升政府科学决策和管理水平，用新的思路和工具解决交通、医疗、教育等公共问题，助力大众创业、万众创新，促进中国经济保持中高速增长、迈向中高端水平。

李克强表示，互联网缩短了时空距离，大数据产业给不同国家和地区发展带来了机遇。相信大家围绕"'互联网＋'时代的数据安全与发展"这个主题交流互鉴，分享成果，深化合作，会进一步汇聚新动能，推动实现更高效、更绿色、更惠民的发展。他在发言中强调，当今世界随着信息技术的迅猛发展，一个大规模产生、分享和应用数据的时代正在徐徐开启，中国愿意同世界各国及全球相关企业、机构，共同分享发展机遇，共同应对安全挑战，共同拥抱大数据时代，为推动世界经济发展和社会进步做出更大贡献。

《大数据宣言》

我们正迈向一个崭新的大数据时代！让人憧憬也令人担忧，充满机遇也面临挑战。数据资源日趋丰富，数据应用层出不穷，数据产业空间无限，大数据技术不断创新，大数据产业体系逐渐成熟。同时，网络信息安全形势异常严峻，黑客攻击、网络病毒等威胁着数据资产安全，个人数据隐私侵犯时有发生，大数据安全保障愈加重要。

在大数据产业快速发展、大数据安全亟待加强的时代背景下，"2015贵阳国际大数据产业博览会暨全球大数据时代贵阳峰会"以"'互联网＋'时代的数据安全与发展"为主题，分析全球大数据发展现状和趋势，探讨保障大数据安全和隐私保护、发展大数据经济等重大问题，深化了认识，明确了目标，强化了责任，形成了八点共识：

一、大数据是全人类共同的资源

伴随着新一代信息技术快速发展，人类进入了一个数据量大、类型多样、变化快、潜在价值大的大数据时代。每个人既是数据生产者，让数据资源更加丰富，也是数据消费者，享受着丰富数据带来的"新生活"。数据是我们共同的资源，也将成为我们共同的财富！用好数据资源将给人类带来新的福祉，滥用数据资源也会给社会和人们造成伤害！

二、政府数据开放是全球共同的目标和行动

通过开放政府数据，提高政府透明度，提升政府治理能力和效率，更好地满足公众需求，促进社会创新，带动经济增长。建立政府数据开放平台，优先开放高价值数据，鼓励基于开放数据应用创新的实践和行动。

三、全球共同努力加强个人数据隐私保护

在大数据时代，公民个人数据隐私保护面临更大挑战，国家需要从法律、监管、技术保障、道德自律等多个角度着手，为公民的数据隐私提供充分保障。应完善数据隐私保护的立法，妥善界定信息自由和数据隐私边界，营造大数据健康发展的法治化环境。应规范个人数据收集、存储、管理与使用，建立相应的隐私侵犯监管机制。应研发更多技术手段，加强公民个人数据隐私保护，让用户有权决定自己的数据如何被利用，实现用户可控的隐私保护。各种组织机构及个人都应加强道德自律，侵犯个人数据隐私将受到社会舆论监督和谴责。

四、世界各国都有责任加强大数据时代网络信息安全

健全大数据时代网络信息安全保障体系，解决无线接入、数据集聚和融合、数据开放、数据交易、大数据应用等各方面涉及的网络与

信息安全问题。应围绕网络通信基础设施、云计算基础设施、应用系统、数据、实体身份认证与管理等层面，建立纵深防御体系，形成新一代的大数据安全技术保障体系，完善大数据安全标准体系和法律法规，促进大数据及其网络信息安全产业发展。

五、全球性大数据交易市场的形成是新经济发展的必然要求

加快数据资源开发利用，推进数据产品化和商品化，促进形成大数据交易市场，搭建数据交易平台，建立数据交易规则和流程，梳理交易品种，确定数据价格体系，形成数据定价机制，并对数据交易安全等问题进行规范。尝试建立有所有权的数据交易、有使用权的数据交易、有阶段时间的数据交易和有限定领域的数据交易等新模式、新规则，把数据交易发展成为若干个金融产品。推进基于数据产权登记、产权交易、期权投资、股权投资等金融工具的研发创新，健全市场导向机制，发挥市场对研发方向、路线选择、要素价格、各类创新要素配置的导向作用。

六、大数据产业将发展成为全球战略性新兴产业的支柱产业之一

大数据产业是推动数据资源实现有效整合、促进数据处理信息技术和数据资源充分利用的全新业态。应把握以大数据为特征的全球新一轮科技革命与产业变革的重大机遇和挑战，按照数据采集与集聚、数据加工与组织、数据分析与发现、数据应用与服务的生命周期，构建以数据为核心的大数据产业链，发展电子制造、大数据软件、数据中心、呼叫中心、云计算、移动互联网、数据加工清洗、众包式社会化数据分析等，加快大数据产业集群建设。

七、大数据技术创新是相关产业持续发展的重要支撑

积极实施创新驱动战略，加强大数据技术研发，升级大数据技术基础设施，推动大数据采集、存储、处理、分析、深度学习、应用、可视化等关键技术环节创新。在突破关键技术的基础上，研制适合大数据应用的硬件装备和软件产品。

八、大数据在经济社会发展各领域的深化应用和融合创新将为我们创造更大的价值和更多的财富

推进"互联网+"行动计划，面向电子商务、工业制造、交通物

流、商贸零售、金融、电信、能源、传媒等数据量大的行业领域，大力开展数据开发和交易，推进企业商业模式创新，鼓励企业将数据资源产品化、商业化。积极支持数据分析能力强和数据资源丰富的企业，探索"大数据工厂""大数据超市""数据试验工场"等新模式、新业态，充分挖掘大数据的商业价值，将大数据打造成经济提质增效的新引擎。面向大数据时代政府公共服务、社会管理、宏观调控和市场监管、城市安全、城市建设等方面的新需求，推进政府大数据共享、开放与应用，联合企业和社会力量，共同探索大数据提升政府治理能力的新机制和新模式，充分挖掘大数据的社会价值，提升国家核心竞争力。应运用大数据提升政府服务能力，管好公共权力、公共资金、公共资源、公职人员，逐步建立用数据说话、用数据决策、用数据管理、用数据服务的管理机制，推进管理型政府向透明、高效、廉洁的服务型、责任型政府转变。支持大数据与传统产业融合创新，实现不同领域的数据集聚、集成、叠加、对比和融合创新，衍生新应用、新业态和新价值，促进大数据经济繁荣和发展。应深化文化领域的大数据应用，推进文化载体数字化和智能化，深入挖掘世界文化、国家文化、历史文化和民族民间文化内涵，更多地融入信息技术现代元素，推进文化与科技、创意、金融、大数据等融合发展，提升文化软实力。让我们积极行动起来，自觉履行肩负的历史使命和社会责任，全力推进大数据安全与发展，为全人类的幸福作出新贡献。

二 大战略引领创新风潮 大数据开启智能时代

——2016 中国大数据产业峰会
暨中国电子商务创新发展峰会

❖ 大会概况

大风起兮云飞扬，贵山之南，群英齐聚"数谷"，共话大数据发展。5 月 25 日，"2016 中国大数据产业峰会暨中国电子商务创新发展峰会"在贵阳开幕。国内外大数据领域顶尖企业、专家学者、业界翘楚齐聚贵阳，围绕"数据创造价值、创新驱动未来"的大会主题，结合"大数据开启智能时代"的年度主题，展示大数据产业发展成果，共同探讨大数据领域未来趋势，为世界带来了一场大数据"盛宴"。

中共中央政治局常委、国务院总理李克强在贵阳出席中国大数据产业峰会暨中国电子商务创新发展峰会开幕式并致辞，全国政协副主席兼中国人民银行行长周小川出席。国家发展改革委主任徐绍史主持。贵州省委书记、省人大常委会主任陈敏尔致答谢词。国务院常务副秘书长肖捷，外交部党委书记、副部长张业遂，工业和信息化部部长苗圩，商务部部长高虎城，贵州省委副书记、省长孙志刚，省政协主席王富玉出席。孙志刚、国家发展改革委副主任林念修、中央网信办副主任徐麟发表演讲。公安部、国家工商总局、国家新闻出版广电总局、国家统计局、国家知识产权局、国务院研究室、国家海洋局有关负责同志，贵州省委常委，省人大常委会、省政府、省政协有关领导同志出席。

本届数博会，企业荟萃，展示尖端成果；大腕云集，共话科技发展；两赛共举，助推应用落地。数博会以"数据创造价值、创新驱动未来"为主题，打造了一场涵盖两大高端峰会、68 场专题论坛、贵阳国际大数据产业博览会、中国国际电子信息创客大赛暨"云上贵州"大数据商业模式大赛和痛客大赛的数据盛宴。中国首个大数据战略重点实验室、首个全域公共 WiFi 城市、首个块数据聚集的公共平台、首个数据公开示范城市……一系列大数据领域首创之举从数博会起航。

在展会方面，高通、戴尔、微软、惠普、HTC、腾讯、百度、阿里巴巴、京东、乐视等近 300 家全球大数据领域顶尖企业集体亮相，带来了 1000 余项全球最新的科技产品和解决方案，吸引了近 9 万人次观展，较 2015 年展会的 42000 余人次增加一倍多。

在论坛方面，德里克·阿伯利、迈克尔·戴尔、马化腾、郭台铭等来自全球企业界的高层管理者云集，超过 15000 名专业人士参会。

在大赛方面，项目涵盖智能制造、大数据金融、大数据健康、大数据服务、政府治理、农业等众多领域，全新商业模式精彩亮相，草根与精英同台交流。

涓涓细流，可聚江海。未来，从贵州出发，大数据产业将释放出巨大能量。与会人士认为，数博会将中国"互联网＋"行动计划落到实处，推动了移动互联网、云计算、大数据、物联网与其他产业的融合，引导互联网企业拓展国际国内市场，促进电子商务、工业互联网和互联网金融等领域的健康发展。

❖　**特色办会**

数博会，这个在全球科技界范围内都有影响力的盛会，2016 年恰逢人工智能、虚拟现实、机器学习等高新科技热潮风口，因而更加意义非凡。对很多业内人士来说，这种规模和级别的数博会不仅是一次难得的交流机会，也是对未来科技发展趋势的一次预演。尤其是 2016 数博会的主题为"大数据开启智能时代"，更是预示了未来产业发展的走向。在 2016 年贵阳国际大数据产业博览会上，企业和政府带来的大数据在三大产业中的应用，展现出大数据在促进产业发展升级中的巨大作用。

作为 2016 数博会的"重头戏"之一，本届博览会面积从 2015 年的 4 馆 4 万平方米增加到 6 馆 6 万平方米，阿里巴巴、腾讯、SAP、戴尔、高通、微软、HTC、华为、京东等 300 多家国内外知名企业参展，展示 VR（Virtual Reality，即虚拟现实）、AR（Augmented Reality，即增强现实）、大数据可视化等超过 1000 项最新技术、产品和解决方案，内容涵盖大数据行业应用、人工智能、智能制造、互联网金融等板块，全方面展现了全球大数据行业最高端的技术和最新应用。

在数博会期间，贵州省设立 5000 平方米的国家（贵州）大数据综合试验展区，展示大数据产业发展的历程和成果；联合国可持续发展计划行动办事处、英国驻华大使馆、韩国大数据协会联盟、盐城、苏州项城区、济宁高新区、日本横滨等国内外组织、机构、城市，展示了在大数据应用方面的成果。

此外，本届博览会向参展商免费开放近 6000 平方米的活动场地，举办了贵阳网上数字博物馆上线启动仪式、富士康客户签约仪式暨自助式渲染云产品会、小 i 机器人新品发布会、"破解数据流通困局——发动数据经济引擎"主题论坛、智慧城市路演等活动，全方位展示了大数据的魅力。

1. 大数据助力 农业更"智慧"

当前，传统的第一产业——农业正因为大数据的跨越式发展而得到升级，农业变得更加"智慧"。在 2 号馆的清华同方展区，工作人员正在介绍的全国绿色农业特产示范基地——溯源大数据平台吸引了不少观众的注意。"有了这个平台，消费者一扫二维码就可以查询到买到的农产品是从哪个绿色基地生产出来的，有怎样优质的产地环境等，这些信息通过平台的视频、图片等溯源技术可一目了然地展现出来。"工作人员介绍说，2016 年 4 月同方股份有限公司与农业部所属全国绿色农业特产示范基地管理办公室签署了"全国绿色基地信息化建设"战略合作协议，以绿色基地企业为主体，建立服务于绿色基地农副产品消费者的公共溯源服务平台，推动绿色农业信息化、品牌化、产业化发展。这个平台以绿色基地企业为核心，运用大数据技术，为绿色基地企业在种养殖、加工、检测、流通、营销等环节提供一体化的数据服务，目前合作的全国绿色基地约 400 家。通过大数据分析，平台将向企业提供种养殖的数据参考，比如通过消费端和市场的预估，让企业更清楚某块地是适合种植玉米还是大豆，实现精准生产。

同时，在农产品的生产过程中，平台会通过数据采集向企业提供温度、湿度等信息，让农产品的培育更加精细化。一旦温度或湿度等出现问题，平台还将主动发出预警信息，提醒企业及时采取措施应对。在销售环节，根据消费者的扫码信息，可以精准判断产品的流向，提升农副产品的附加值，为企业的精准营销和决策提供依据。

2. 一朵工业云 企业发展好帮手

5 月 26 日下午 5 点多，来自江西的吴女士在 3 号馆的贵州工业云展区，用触屏笔在电脑上写下"2016 数博会"，不到半分钟，机器手臂即在白纸上按照吴女士的笔迹写下了几乎一模一样的"2016数博会"字样。这家机器手臂的所属公司正是贵州工业云平台孵化出来的。贵州工业云的建设,旨在打造"政府好助手、企业云超市、创客梦空间",推动贵州工业企业的发展。目前,平台已有注册企业3万余家。通过工业云平台既能实现全省的行业调度、经济分析等,还能搭建工业商品城。就像"淘宝"可以让买家和卖家开展丰富的消费品交易一样,工业云为贵州企业提供了交易配套服务的互联网平台。"云超市"基于电子商务为中小制造企业提供产品采购、租赁等服务,并提供金融、物流等专业配套服务,拓展企业的电商渠道。同时,平台还搭建了创新创业平台,让企业和创业团队共享工业云丰富的资源"云池",通过开放平台入口、数据信息等资源,引入政府资金及社会资本,培育和孵化具有良好商业模式的创业企业。

3. "云"上旅游 玩转贵州更畅快

当大数据应用于旅游产业,不仅出门旅行更便捷,旅游产业本身也迎来发展的新春。"江团鱼、荔波住宿、贵阳到荔波多少公里、云台山、天麻、情歌对唱。"位于3号展馆的中国联通旅游大数据屏幕上,显示着游客在贵州旅游时吃、住、行、游、购、娱六要素的关键字搜索"最热榜"。旅游大数据平台融合了客源、旅客轨迹分析、游客特征分析、吃住行游购娱、地市热搜分析、地市逗留分析、景区逗留分析、实时客流监控等信息,可主动感知旅游资源、旅游经济、旅游活动等方面的信息。对管理部门来说可及时准确发布旅游公共信息,引导游客避免拥堵和旅游企业良性发展。对涉旅企业来说,有利于其制定前瞻有效的市场策略,培育和有效管理消费群。对游客来说,也可提升旅游体验,及时了解资讯规划旅游行程等。

❖ **亮点纷呈**

1. 商业和科技大佬"论剑"

2016年的盛会,企业家的组成更加丰富多元,与会来宾共11329人。其中既有马化腾和郭台铭等科技企业大咖,也有中石油董事长王宜林、中国电子信息产业集团董事长芮晓武、中国电科总裁樊友山等

"国家队"重量级代表。而一些备受关注的创新型企业家，比如京东创始人刘强东、软通动力创始人刘天文第一次出席峰会，并在不同场合畅谈自己的观点。在海外企业家方面，戴尔公司创始人迈克尔·戴尔、高通公司全球总裁德里克·阿伯利、脸书创始人扎克伯格各有精彩演讲。

2. 让人激动的科技创新展

数博会的一个重要组成部分是产业博览会，这是各个厂商展示实力的重要平台。在此次大会上，谷歌展示了很多关乎未来人工智能、虚拟现实、智能家庭、通信应用的产品。不少海外科技领域的媒体认为，通过这次展会，谷歌将重新定义未来人类的生活方式。

数博会的产业博览会，也同样将对未来的大数据及相关产业产生重大影响。博览会展厅面积由 2015 年的 4 万平方米增加到了 6 万平方米；参展厂商从 2015 年的 389 家增加了 398 家，足见发展势头。

2016 年，腾讯、360 等互联网公司展示了自己的实力。各展台从大数据行业应用、人工智能、智能制造、互联网金融等多个板块，展现出全球高端技术和数据的最新应用。

2015 年展示过的"通云基础平台""数据仓储及数据交换平台"和"大数据产品与服务"的软通动力，2016 年更加聚焦于此，以"云计算""大数据洞察"和"互联网＋产业服务"为主线，以可视化的方式展示其在大数据、云计算、城市治理、产业应用以及城市创新等方面的多款产品及解决方案。对参观者来说，这样的展示更加直观地使其了解了大数据给产业发展和生活方式所带来的变革。

3. 主题论坛上的思想碰撞

2016 年主题论坛场次更多，从工业互联网发展到大数据创新生态体系，从电商的新机遇到健康大数据的发展，从大数据与人工智能到绿色大数据的生态布局等，主题跨界，内容丰富。

尤其引人注目的是与大数据及智慧城市相关的论坛。因为智慧城市建设作为国家级战略，本身就和大数据应用息息相关。可以说，大数据是智慧城市的"神经中枢"，而优秀的智慧城市建设领导企业，则决定了整个领域的发展水平。在以"大数据重塑城市竞争优势"为主题的"中国市长与大数据"高峰论坛上，与会的全国多地市长探讨和分享了有关大数据在城市发展中的应用成果及经验，促进了城市之间的资源互补与合作，推动了政、产、学、研的对接与协作，同时也有包括软通动力在内的优秀企业代表的参与，从更专业、更具行业发展远见的视角共话未来城市。在论坛上，克拉玛依市副市长童中华、本溪市副市长曲刚、渭南市副市长王建平等分别作"克拉玛依发展与云计算产业的探索""数说'智慧山水＋本溪模式'的创变""快速发展大数据，打造经济新引擎"等主题发言。在中国市长与大数据论坛贵阳峰会上，贵阳市政府副市长杨赤忠与中国信息协会大数据分会李凯会长，共同为"市长与大数据论坛"揭牌。

此外，在"中英大数据合作交流·2016 英国日分论坛"上，与会者可以看到中外大数据产业发展的异同。

作为 2016 年中国大数据产业峰会暨中国电子商务创新发展峰会的重要内容之一，"'块数据城市'——供给侧改革的大数据区域实践"论坛在贵阳国际生态会议中心举行。论坛围绕"块数据城市"——大数据产业创新发展这一主题，讨论如何通过"块数据"的发展，以构建大数据全产业链为切入点，以数据铁笼、大数据交易等为抓手，建设块数据城市；抢抓大数据机遇，围绕产业、政府治理和民生等领域，实现国家在大数据领域的探索和创新功能，打造"中国数谷"。在论坛上，中国科学院院士鄂维南、数据堂创始人兼 CEO 齐红威等专家学者、企业家，围绕"块数据城市"——大数据产业创新发展主题分别做了主题发言；美林数据董事长程宏亮、中科宇图副总裁孙世友等知名企业家围绕"大数据助力区域协同发展"主题进行了圆桌对话。

4. 主题大赛创意缤纷

2016 年首届中国痛客大赛在贵阳圆满召开。痛客，是由贵阳提出的全新概念，即提出痛点的人，能够从各种社会现象和问题中找到普适性的关键要素，形成并提出痛点，发掘出将会产生一系列连锁反应的机会。贵阳提出"痛客计划"，力求从需求端出发，先征集并选出最具商业价值的痛点后，再向创客寻找解决方法，将无处不在的需求转化为无处不在的价值，从而更好地推动"大众创业、万众创新"。举办中国痛客大赛是贵阳"痛客计划"的行动之一。首届大赛吸引了除港澳台以外 31 个省级行政区的 22185 名痛客参加，共收集到 2700 个痛点。

入围决赛的 10 名痛客和 20 名创客，决出最佳痛点奖金、银、铜奖和最佳痛客——创客组合奖金、银、铜奖。其中，"轻资产、难融资"获最佳痛点奖金奖。痛客李忠祥提出的"轻资产、难融资"痛点获最佳痛点奖金奖，聚焦的是轻资产企业很难获得银行授信的问题，奖金 30 万元。创客蒲克强对此提出了"基于企业行为的企业风险全息画像"的解决方案，与李忠祥一起获得最佳痛客——创客组合奖金奖，奖金 25 万元。痛客龙胜利提出的"医养结合之痛"痛点获最佳痛点奖银奖，关注的是关于"养老难"的问题，奖金 15 万元。

创客四川海奥医院管理有限公司提出了"吕医生连锁诊所"的解决方案，与龙胜利一起获得最佳痛客——创客组合奖银奖，奖金 15 万元。痛客张巨鹏提出的"田间地头的食品安全"痛点获最佳痛点奖铜奖，奖金 5 万元。提出"能否以大数据手段实现经济运行精准调度"痛点的痛客张雪蓉，与提出"大数据宏观经济监测"解决方案的创客黄艳，一起获得最佳痛客—创客组合奖银奖，奖金 15 万元。此外，进入决赛的十强痛客分别获得 2 万元奖励。

➤ 首款概念车亮相数博会——乐视超级汽车 LeSEE

"这车真酷！"5 月 25 日，在 2 号展馆的乐视展区，一辆科技感十足的白色乐视超级汽车 LeSEE 首款概念车在圆形展台上 360 度旋转，吸引了诸多观众的围观。这款概念车是一款高度智能的自动驾驶汽车，能为车主提供多种自动驾驶模式。当用户启动车辆自动驾驶模式后，方向盘叠起，给乘坐者最大舒适空间。后座乘客可享受自适应性座椅结构，座椅采用的特殊材料会感知乘客的外形，逐层调整，完美贴身，并具有记忆功能。驾乘者还可在车上通过屏幕观看电影、电视剧、音乐会等。

这款概念车的一大亮点是一系列标志性灯光投影，在五个不同颜色之间切换，凸显所选的驾驶模式。根据发光颜色，汽车会告知其他驾驶员和行人，本车是否处于自动驾驶模式，是否探测到危险等。此外，该车可由一人或是多人拥有，当单一用户不使用车辆时，其他人便可以使用。一旦新用户的身份被确定，汽车会自动识别该用户，并在车联网系统中自动调整到该用户的设置模式，形成快速的分时租赁模式。

➤ 贵阳数字博物馆上线——青花瓷就可"飘"到眼前

在 1 分 12 秒的 3D 动画后，"贵阳数字博物馆"几个大字从云端升出来。在深蓝的背景下，虚幻的星空仿佛就在眼前，主页面下有六个浮动的小窗：文化遗产、民间藏品、展厅展室、藏品检索、在线品评、关于本馆。"你想看哪个就点哪个！"5 月 25 日，我国首个结合三维扫描、虚拟现实、VR、全景技术的网上数字博物馆——贵阳网上数字博物馆上线。贵阳数字博物馆是利用计算机图形学的技术构建的数字化虚拟展览馆，是一种三维互动体验方式，以传统展馆为基础，把现实中无法实现的庭园式博物馆架构，结合时间、天气等诸多虚拟元素在数字博物馆进行实现，增强了现实上的浸入式体验，能让人如身临不同的场景中，真实、互动地欣赏文物和文化遗产，真正让陈列的文物、遗产，以及古籍里的文字都"活"起来。首批上线展示的有阳明祠、甲秀楼两大景点和香纸沟古法造纸等70多项非遗，以及80多件金器、玉器、瓷器、东珠藏品。

❖　瞩目成就

大数据蕴藏大价值。对政府治理来说，大数据提供了全新契机。作为全国首个国家级大数据综合试验区，贵州不仅镌刻下先行者的印记，而且利用大数据为政府管理、社会治理带来一场巨大变革。在这场逐梦大数据的征程中，贵州省、贵阳市打开了全新的政府治理命题，开放部门数据，建立"云上贵州"平台，打造"数据铁笼"，一点点探索着政府治理能力的现代化手段，一步步加快着智慧政府的建设速度；在这场逐梦大数据的征程中，省内外企业铆足了创新创业的干劲，寻找政府管理、社会治理痛点，用一项项创新成果助推管理更科学、城市更智慧。

这一刻，相逢数博盛会，贵州笑傲"云"端。

➤　**高通公司全球总裁德里克·阿博利：**我在中国待了很长时间，中国成为高通越来越重要的市场。我们在中国、在贵州有很多的合作伙伴，我们希望和大家一起取得更大的成功。去年秋天，高通与贵州共同宣布成立了一家合资公司，这家合资公司向中国的客户们提供先进的技术解决方案。我们很高兴可以在贵州投资兴业，我们希望这个合资公司可以生产中国最优秀的产品，也可以进一步推动中国大数据产业的发展。我们很高兴通过这个合资企业加速大数据中心的发展，加快数据产业链和生态发展。

➤　**惠普中国区总裁毛渝南：**一年多来，HPE 公司在贵阳建立了基于 HPE 云平台的人口健康信息云，这是到目前为止全国唯一一个以全市为单位、把健康档案和电子病例整合在一起的云平台。该平台服务于470万人口、1000多家医院机构。我们在贵州建立了行业领先的HPE云平台，可以承载数以千计的应用，支持医疗云、农业云、媒体云、教育云等大数据，帮助贵阳成为全国大数据产业发展的先锋。在大数据方面，基于HPE贵阳人口健康信息云的医疗大数据平台，为贵州、贵阳数据应用、开发奠定了基础，是贵州、贵阳医疗改革重要的组成部分。在新兴产业方面，我们在贵州建立了全球服务外包中心，帮助贵州发展外包服务产业。此外，在我们招收的员工中有85%以上都是贵州本地人，解决了就业，有助于脱贫。

➤ **戴尔公司全球总裁迈克尔·戴尔**：当前，戴尔积极加强与贵阳市政府和当地伙伴的合作，致力发展云服务平台，并将继续与相关单位共同发展技术，以"可信赖伙伴"的姿态，共同开辟一条成功的道路。

➤ **宏达国际电子股份有限公司董事长王雪红**：在国家的支持下，贵州举全省之力发展大数据，把一个偏远的省份一下子带到了世界前沿，这样的创新和HTC的创新一脉相承。

➤ **百度公司创始人、董事长兼首席执行官李彦宏**：目前百度也在和贵阳市政府探讨无人车的实验，希望未来和更多同行企业家一起，为中国的人工智能技术发展和进步做出贡献。

➤ **腾讯公司董事会主席兼首席执行官马化腾**：贵州有很多优势，水电充足、电力便宜，山洞里恒温恒湿。腾讯目前正在考察，是否可以在贵州建立一个大数据的灾备中心。

➤ **紫光集团有限公司董事长赵伟国**：当前，贵州正在聚力发展大数据，取得了积极成效，其中，包含了紫光的部分成功案例，如贵阳大数据农业云大概覆盖贵阳市1500个行政村，涵盖人口120万，能够使农产品直接销往全国各地，提高农民收入。

➤ **SAP全球高级副总裁、大中华区总裁纪秉盟**：SAP期待与贵州省在未来进行合作，并且能够进一步支持中国的大数据战略。

➤ **微软全球执行副总裁陆奇**：贵州将大数据产业作为经济发展的重点，无疑将成为企业家和创客的天堂。微软积极参与贵州大数据发展，并在人才培训、促进就业、推动创新等方面发挥着自己的优势。

➤ **阿里巴巴集团技术委员会主席王坚**：我对"云上贵州"这四个字有着不一样的感触。2014 年，我邀请了贵州的同事去杭州的云栖小镇，这是贵州的同事第一次大范围和全中国人民讲，我们有一个非常好的愿望就是"云上贵州"。后来又在北京见到了"云上贵州"，更有意思的事情就是在德国的汉诺威再一次见到了"云上贵州"。我想这不仅是贵州的骄傲，也是我的骄傲。

2016 中国电子商务创新发展峰会贵阳共识

"2016 中国电子商务创新发展峰会"以"新使命，新视野，新动力"为主题，围绕主论坛、跨境电子商务、电商扶贫、电商物流快递服务、国家电子商务示范城市工作交流会、移动金融、农业电商布局创新、品牌企业电商系统选型、电商新机遇的议题进行了思想交融和经验分享。本次峰会形式丰富多彩，气氛热情高涨，与会人员收获多多，心情爽爽，充分体现了"多彩贵州、爽爽贵阳"的地域特色。

与会者一致认为，电子商务创造了新的消费需求，引发了新的投资热潮，开辟了新的就业渠道，为大众创业、万众创新提供了新的空间与舞台，电子商务已经成为我国稳增长、调结构、惠民生、增就业、促创业创新的重要途径。

会议指出，当前我国电子商务发展已经取得了可喜的成绩，也面临一些问题与挑战。2016 年，我国电子商务发展要把握好供给侧结构性改革、制造业强国、"双创""一带一路"、脱贫攻坚等新使命，为我国经济提质增效开拓新视野，成为经济发展的新动力。

第一，坚持鼓励支持与规范发展并重。发挥市场在资源配置中的决定性作用，鼓励支持企业成为真正的市场主体；切实转变政府职能，更好地发挥政府的作用，营造促进电子商务创新发展的政策环境。加快电子商务法律法规和标准规范建设，加速管理体制改革，加强和改善市场监管，形成竞争有序、诚信守法、安全可靠的电子商务大市场。

第二，注重电子商务与供给侧结构性改革相结合。运用新一代信息技术，创新产业组织方式，重塑消费、流通及生产过程，着力创新设计、生产、社会化营销、物流、售后服务方式，提升柔性化、智能化制造水平，完善网络化产业运行体系，切实有效推进供给侧结构性改革，成为经济增长的新动力。

第三，促进电子商务为改善民生服务。探索电子商务在城市社区、农村、欠发达地区中政府服务社会的新思路、新手段和新方法，带动公共服务升级。继续深入开展电子商务进农村综合示范、快递下乡、宽带乡村等农村电子商务相关扶持工程，完善农村电子商务双向流通服务体系，通过电商带动农村产业聚集，多方位、全角度利用电子商务的新型产业链带动贫困人口实现脱贫增收。

第四，引导电子商务与传统产业协同创新发展。高度重视电子商务新模式与传统产业旧业态的关系，处理好新旧业态在资源配置方面的矛盾，设法打破僵化的旧产业利益格局，创造结构性再就业机会。支持电子商务进一步向消费、流通、生产过程深度渗透和融合，孕育出更多、更好的新模式和新业态；同时，结合实体经济的现实需求创新模式、扩大规模、提升成效，有效引导传统产业转型升级。

第五，发挥电子商务在"一带一路"战略中的先导作用。按照"一带一路"倡议，高举和平、发展、合作、共赢旗帜，坚持共商、共建、共享原则，坚持开放与安全并重，采取对点合作、联点结网、在商言商的方式，打通"一带一路"重点方向的电子商务国际化通道，建设规制互认、设施互联、信息互通、企业互信、产业互融的网络经济带，形成"海陆空网"四位一体的市场格局。

会议强调，国家电子商务示范城市要加快开展电子商务法规政策创新和试点示范工作，各地区要立足城市产业发展特点和优势推动电子商务产业统筹协调、错位发展，市场主体要积极创新、探索新业态和新模式，共同推动建立规范有序、社会共治、辐射全球的电子商务大市场，打造经济平稳健康发展的新动力，完成新时期电子商务的新使命。

三　数字经济引领新增长

——2017 中国国际大数据产业博览会

❖　**大会概况**

数字经济引领新增长，"云上贵州"拥抱新未来。2017 年 5 月 26 日，由国家发展改革委、工业和信息化部、国家互联网信息办公室、贵州省人民政府共同主办的"2017 中国国际大数据产业博览会"在贵阳隆重开幕。中共中央政治局常委、国务院总理李克强发来贺信。中共中央政治局委员、国务院副总理马凯出席开幕式并讲话。李克强在贺信中代表中国政府对"2017 中国国际大数据产业博览会"的举办表示祝贺，向与会代表表示欢迎，并预祝数博会取得圆满成功。

中国国际大数据产业博览会，作为全球首个大数据主题博览会，已连续成功举办了两届，在 2017 年正式升格为国家级博览会。本届数博会继续聚焦大数据的探索与应用，展示大数据最新的技术创新与成就，自此，贵阳国际大数据产业博览会业已成为中国最具国际化和产业化的高端专业平台。

2017 年峰会主要由"同期两会、一展、一赛及系列活动"组成，吸引了 5.1 万人报名参与，其中，来自美国、英国、以色列、俄罗斯、新加坡、日本、印度等 22 个国家的核心嘉宾、重要嘉宾 2000 人左右。此次数博会展览面积 6 万平方米，参展企业超过 400 家，展馆设置大数据创新应用、大数据软件及服务、智能制造与信息产品、互联网创新应用、电子商务等板块，通过集中展示全球大数据的新技术、新产品、新成果和解决方案，搭建产业供需两端的对接平台。

中国互联网领军企业的掌门人——阿里巴巴马云、百度公司李彦宏，以及鸿海精密工业董事长郭台铭等国内知名企业家到场参会。甲骨文、高通、戴尔、新思、德国威图等海外知名企业派出企业高层参会。与会嘉宾普遍认为，与 3 年前相比，2017 数博会各方面都有所提升，大数据从几年前理论层面的探讨，到现在实际性的应

用，让更多的企业认识了贵阳，了解了贵州，并积极在这里开展合作，洽谈项目。

❖ **特色办会**

本届数博会由中华人民共和国国家发展和改革委员会、工业和信息化部、国家互联网信息办公室、贵州省人民政府主办，年度主题为"数字经济引领新增长"。大会主要由"同期两会、一展、一赛及系列活动"组成。

1. "同期两会"：FAST专题报告

"同期两会"即中国国际大数据产业博览会、中国电子商务创新发展峰会。在此次数博会的开幕式上，中国科学院白春礼院长做了关于"FAST"的专题报告。大会期间，围绕"区块链""机器智能""人工智能""智能制造"共举办了40余场系列专题论坛及高端对话，主要围绕国家大数据试验区交流、数字经济、区块链开启价值互联网时代、数字安全与风险控制、数据共享与开放、人工智能、智能制造7个板块展开讨论，其中国际性论坛占较大比例。

中国电子商务创新发展峰会由一个主论坛、八个分论坛、系列活动以及年度盛典、展会、CEO沙龙等活动构成，主题为"聚合创新要素，赋能实体经济"，围绕电商治理、电商全球化发展、电商与传统产业深度融合、跨境贸易等主题，邀请政府、全球领先电商企业、创新实体企业和民间团体的电商行业领军人物进行了探讨交流，达成共识并予以发布。

2. "一展"：十大黑科技亮相

"一展"即中国国际大数据产业博览会（专业展）。围绕"国际水平、行业引领、专业平台"的定位，重点展示了黑科技等影响并改变人类生活方式、思维方式、生产方式、商业模式的新技术、新产品、新成果。通过设计专题馆、专题展区，以及相应的主题展示区、发布区等，增强体验感、互动感，打造全球有影响力的国际大数据企业交流平台、商务对话平台、成果发布平台。戴尔、甲骨文、高通、华为、中兴、阿里巴巴等业内领军企业均在博览会上展示了它们在大数据方面的最新科技、应用等，同时"政府数据共享开放指数报告""大数据蓝皮书"等在行业领域具有引领指导作用的成果也随之发布。

3. "一赛"：悬赏 400 万元 深挖"大数据"

"一赛"即 2017 中国国际大数据挖掘大赛。通过数据开放共享，吸引全球先进技术及人才，开展数据深度挖掘，释放更多数据价值，积聚大数据发展实用资源，加速数字经济新业态的形成。本次大赛主题为"唤醒沉睡的数据"，分为挖掘赛、应用赛，同时设置系列分支赛。此前，贵州曾连续举办了多个大数据相关大赛，促成了一大批优质大数据创新创业项目的落地和应用，为推动数据技术和资源的产业变现打下了良好基础。

4. "系列活动"：成立大数据创新联盟

"系列活动"即通过新形式的交流对话、成果展示，集中展示大数据的新发展、新实践、新成果、新政策、新业态，积极促进和支撑大数据产业的汇聚与发展。在本次大会上，美国、英国、以色列等国驻华使馆以及全球知名企业和机构均举办了各类主题活动，共分为"大数据试验区成果展示板块""大数据技术新发展板块""大数据实践成果观摩板块"三大板块。同时，一些重磅活动也在此次数博会期间举行。

5. 筹备亮点：参会嘉宾"大咖"云集 专题论坛突出"前沿专业"

此次大会邀请到了马云、马化腾、齐向东、孙丕恕、徐冠巨、吴征、杨澜等国内知名企业、媒体负责人，以及 GSMA 总经理 Bob Puglielli、高通公司全球总裁德里克·阿伯利、甲骨文公司全球研发副总裁胡伟、甲骨文公司全球研发副总裁尼尔·门德尔森、戴尔公司大中华区总裁黄陈宏等国外知名企业负责人、技术总监参加。同时，组委会还邀请到了邬贺铨、邓中翰、倪光南、沈昌祥、郑建华等多名中国工程院院士、中科院院士参会。

在论坛筹备方面，组委会围绕"引领、权威、国际、产业"的核心理念，紧扣数字经济、区块链、网络安全等热点，注重论坛策划的国际性。比如，在数据共享与开放板块，有英国驻重庆总领事馆承办的"第二届中英大数据 2017 贵阳'英国日'合作研讨会"；在数字经济板块，有贵州伯克利大数据创新研究中心承办的"社会民生福利：大数据应用高峰论坛"。注重论坛的前瞻性，比如，在区块链开启价值互联网时代板块，有中国互联网协会承办的"主权区块链发展高峰论坛"；在数字安全与风险控制板块，有中国信息安全测评中心承办的"第三届中国大数据安全高层论坛"。注重论坛的专业性，比如，在国家大数据试验区交流板块，有中国电子技术标准化研究院承办的"大数据标准化论坛"；在人工智能板块，有中国通信学会承办的"2017 人工智能暨新一代信息技术创新高峰论坛。

❖ **亮点纷呈**

2017 数博会以"数字经济引领新增长"为年度主题，突出"全球视野、国家高度、产业视角、企业立场"，坚持"国际化、专业化、高端化、产业化、可持续化"原则，围绕"同期两会、一展、一赛及系列活动"，举办了开幕式、高峰对话会和电商峰会，以及论坛 77 场、展馆发布 31 场、新闻发布 12 场、系列活动 15 场。

数博会举办两届以来已吸引了超过 13 万人次参观。2017 数博会更是设立了 6 个展馆，展会面积达 6 万平方米。参展企业均为大数据、电商、智能制造、互联网等领域的行业翘楚，包括了 SAP、货车帮、浪潮、RITTAL、华为、HPE、中兴、京东、富士康、传化物流、华芯通、Qualcomm、BOSCH、GSMA、海尔、DELL、阿里巴巴、腾讯、奇虎 360、Synopsys、Oracle、SAS、软通动力、哈工大、科大讯飞、神州数码、小 i 机器人、数字冰雹等 200 余家国内外大数据顶级企业和行业协会，海内外参展商共带来 1000 余项全球最新的前沿产品、技术和解决方案。

在 6 大展馆中，1 号馆包含了阿里巴巴、腾讯、华为、京东等众多明星企业。国内一线大牌企业纷纷亮相，它们带来了众多世界顶尖的黑科技。腾讯重点展出的 RayData，是腾讯云大数据实时可视交互系统。在大会现场，RayData 以智慧城市作为应用场景进行演示。以贵州、广东、四川为重点例子，展现上述地区在城市管理上的尝试与成就。通过城市场景和大数据的结合，大家分别从交通、医疗、警务等领域，看到一个个"互联网＋"形态下的智慧城市。当然除了高端大气的新技术外，腾讯展台上还有许多很好的东西。利用最新的VR和AR技术，腾讯展台上还有关于AR红包和"QQ-AR急救包"的展示。腾讯优图的人脸识别技术，能帮助警方在海量人群中迅速进行搜索，完成匹配。在活动现场，市民可以现场上传个人照片，亲身体验"天眼系统"是如何让你在众多参观者中"脱颖而出"的。在华为展台上，一台酷炫的模拟赛车吸引了记者的目光。虽然是坐在场馆里，但利用VR技术，仿佛真的身临赛道一般。

　　"结合物联网技术，我们进行了赛道模拟，你任何的驾驶行为，包括车速、违章、拐弯角度等，都会成为大数据。"除了这台酷炫的赛车之外，在华为展馆你还能看到FusionInsight大数据平台，以及华为在金融、警务、政务、医疗、旅游、交通等行业的应用创新实践。如何解决拥堵？在本次数博会上，阿里云带来了一次全新的尝试，帮贵阳打造一个会思考的"城市大脑"。阿里云展示了人工智能"黑科技"，基于阿里云ET打造了"城市大脑"。该大脑的内核采用阿里云

ET 人工智能技术，可以对整个城市进行全局实时分析，自动调配公共资源，修正城市运行中的 Bug（缺陷、漏洞），最终将进化成为能够治理城市的超级人工智能。通过城市大脑，将有效解决包括交通拥堵在内的城市难题。

2 号馆展出的是最实用的智能科技，参展企业主要有小 i 机器人、新浪、科大讯飞、神州数码、中国电科、HTC、多年传媒、第一视频、国家信息中心大数据创新创业基地等。在本届数博会上，日前落户贵阳综保区的小 i 机器人首次作为虚拟主持人亮相，与真人主持共同启动数博会展览开馆仪式，展示智能机器人"能听会说"的能力。同时，小 i 机器人还发布了首款开放式人工智能交互系统，中文语义全球最强的硬件大脑——M2OS。该系统具有广泛的应用能力，包括智能家居、智能机器人、虚拟助手、智能穿戴、内容服务等，是中文语义全球最强的硬件大脑。而北京深醒科技有限公司是一家在人工智能方向，集研发、生产和销售于一体的高科技公司，以人脸识别技术切入 AI 战场。深醒科技的人脸识别技术应用在贵阳大数据中心展厅的人脸识别系统和市公安局抓捕系统上。海尔集团携带中央空调 Driverless 无人操控磁悬浮机组，参加展会；业界首个多级智能控制照明物联网解决方案——华为物联网智慧路灯，亮相 2017 数博会；比尔·盖茨曾到访并高度评价的企业——海云数据，带着其最新的唇语识别技术参加展览……智慧旅游、智能家居、智慧城市等新兴智能技术都——出现在 2017 数博会上。

在数博会 3 号展馆里，你可以看到数博会的"老熟人"，这里云集了国内及贵州本土一批优秀的大数据企业，这些企业展示了它们在大数据方面的应用成果，让人体验到大数据所带来的影响。作为数博会的常客，深圳天源迪科为大家展示了如何利用大数据管控城市流动人口。专注教育智能设备制造的展商——绿网天下，在本次数博会上展示了它的众多黑科技产品："比如这个智能笔，之前你肯定不会想到，黑科技如何与一支笔联系在一起。"只见工作人员拿着智能笔在纸上随意书写，纸间的词语竟然可以化身为电子文档并马上呈现在 PC 和手机上。

　　6 号馆是本次展览中最有互动性体验的一个展馆，在该馆内主要有玖的科技、金蓝络、迦太利华、蚁视、微景天下等企业，被打造成为 VR、AR、AI 特色主题体验馆，展出最新的 VR、AR 穿戴体验设备和终端体验项目。广州玖的公司带着 10 余种不同类型的前沿 VR 设备，准备献上一场虚拟现实的"盛宴"。不仅是 VR 游戏，玖的还把虚拟现实技术与体育项目相结合。VR 健身一体机将旅游、动感单车与 VR 技术结合在一起。体验者骑上单车带上 VR 眼镜，就仿佛来到了风景优美的海滨公路，画面 360 度无缝衔接展示着真实的视觉体验，帮助城市中亚健康人士养成健身习惯。体验另一款"VR 战马"时，则可以感觉自己置身赛场，胯下有一匹受过良好训练的骏马，它会根据你的身体控制进行旋转、跳跃等动作。当身体向前倾就加速，向后仰则减速，身体左右转动可以控制方向。让玩家通过游戏强化腰部肌肉，提高平衡感，锻炼运动神经。

❖　瞩目成就

　　在 2017 数博会上，来自全球各地的大数据业界高管精英、专家学者，科研机构、咨询机构、中小企业负责人和创新创业者齐聚贵阳，累计超过 5 万人参会，共对接企业 1479 家，其中，有 500 强企业 112 家；达成签约意向项目 235 个，意向金额 256.1 亿元；签约项目 119 个，签约金额 167.33 亿元。

　　有了大数据，政府办公就有了新帮手。移动软件"扶贫云"对贵州省贫困人口、贫困地区实行动态监测；"数据铁笼"细化行政审批流程，合法合理地分配职责，让权力在阳光下运行；"天网工程"汇集全省道路交通灯信号和路上监控录像，让交通疏导不再焦躁……

　　有了大数据，市民生活就有了新便利。针对空巢老人，"智能门禁"实时记录出门、回家时间，便于巡视民警及时看望；针对食品安全，"食安测"收录了上千万条食品信息，保证市民舌尖上的安全；针对青年男女，"唱吧"拥有 3000 万活跃用户，采集 2.6 亿年轻人的唱歌喜好，让年轻人畅快选店选歌……

　　有了大数据，百姓娱乐就有了新时尚。"智慧导航"能够全景、立体地呈现楼堂馆址，让游客不会迷茫于茫茫人海之中；"全景相机"将突破视觉局限，给摄影爱好者带来多面图像；最新的 AR、VR 体验设备也将为百姓运动、娱乐带来更逼真的感受……

置身贵阳，市民手机里装着一个个软件，公职人员配有一部部终端，大数据带着人们的智慧"润物细无声"地进入百姓衣食住行，进入企业发展管理，进入城市规划治理，改变着生活方式，改变了城市面貌。

➢ **阿里巴巴集团董事局主席马云**：今天，贵州这样一个欠发达的省份能够站在未来探讨问题。"那么，我觉得，如果贵州可以，你为什么不可以，如果贵阳今天可以干大数据，可以进行思考，我觉得这是我们共同的未来。"

➢ **阿里巴巴集团副总裁、阿里云总裁胡晓明**：在阿里云平台上，贵州业务板块的增速长期位列前三位，这和贵州 GDP 的增长速度在全国省份中的排位相匹配；蚂蚁金服公布的一份"全国最吸引青年人的城市"数据显示，贵阳排名第七。这些数据都显示了贵阳在新经济、新产业上的引领性作用。我们愿与贵阳一起成长。

➢ **百度公司创始人、董事长兼首席执行官李彦宏**：贵州在大数据产业上已占先机，但如何将数据资源变成创新能力还需要思考，过去的创新来源于实验室，未来的创新将来源于数据。

➢ **戴尔全球资深副总裁、戴尔公司大中华区总裁黄陈宏**：贵阳积极推动大数据，顺应了时代的发展。

➢ **中国信息通讯院发布《全球区块链应用发展十大趋势》**：区块链落地贵阳应用，2017 年将成为区块链落地贵阳应用"元年"。

四 数化万物·智在融合
——2018 中国国际大数据产业博览会

❖ **大会概况**

以"数化万物·智在融合"为年度主题，2018 中国国际大数据产业博览会于 2018 年 5 月 26 日在贵阳隆重召开。此次数博会由国家发展改革委、工业和信息化部、国家互联网信息办公室、贵州省人民政府共同主办。中共中央总书记、国家主席、中央军委主席习近平向会议致贺信，中共中央政治局委员、全国人大常委会副委员长王晨出席开幕式，宣读习近平主席的贺信并致辞。省委书记、省人大常委会主任孙志刚，省委副书记、省长谌贻琴，国家发展改革委副主任林念修，工业和信息化部副部长陈肇雄，国家网信办副主任杨小伟出席开幕式并致辞。英国约克公爵安德鲁王子、中国科学院院士梅宏、加拿大新经济学家唐·塔普斯科特、中国科学院院士潘建伟发表演讲。此次博览会是迈进新时代举行的第一次国际大数据产业博览会，

　　此次大会的主题词为"数据、智能、融合"，会期为 2018 年 5 月26 日至 29 日，为期 4 天的大会共举办了 8 场高端对话、65 场专业论坛、40 场成果发布会、81 场招商推介会、278 场商务考察会等系列活动，招商引资签约项目 199 个、金额 352.8 亿元，参会观展人数超过 12 万人，国内外参展企业和机构达到 388 家，布展面积 6 万平方米，共设置了国际综合馆、数字应用馆、前沿技术馆、数字硬件馆、国际双创馆、数字体验馆及"一带一路"国际合作伙伴城市展区。参展的中外企业达 388 家，参会的中外嘉宾超过 4 万人次。2018 数博会特色彰显、亮点纷呈，参会规模创历史新高，嘉宾层次大幅提升，专业论坛精彩夺目，组团参展趋势明显，市场运作更加成熟，"大数据＋文化"体验舒爽，智能特色全面彰显，国际传播力度空前。参会观展超过 12 万人次，来自 29 个国家和地区的 661 位嘉宾分享思想创见、碰撞智慧火花，共同探寻新一轮科技和产业革命背景下大数据发展方向。大会发布了大数据及关联产业的 11 项黑科技、10 项新技术、20 项新产品、10 个新商业模式等51 项领先科技成果，388 家国内外企业参展，1000 项最新产品和技术与解决方案展出，人工智能全球大赛、无人驾驶全球挑战赛成功举行，193 家媒体的1639 名记者参与了大会盛况报道。

　　在参会嘉宾中，来自政界、商界、学界、媒体界的各界嘉宾纷至

沓来，其中有国家部委部级领导，国家部委司级领导、直属单位局级领导，省、市领导，国外政府机构官员及驻华使节，也有国内外企业代表、国内外知名行业协会负责人，以及院士及专家学者，研究机构、院校负责人、媒体等，共襄数博盛会。

同步举办的人工智能全球大赛、"数博会之旅""数谷之夜"等主题活动精彩纷呈，百个大数据应用场景、十佳大数据应用案例等创新成果竞相发布。同期举办的 2018 中国电子商务创新发展峰会，以"新电商领动新融合，新时代助推新发展"为主题，举办了 CEO 沙龙、主论坛、8 场分论坛以及年度盛典，发布了《2017 中国电子商务发展指数报告》，评选了年度智能商业技术典范、年度转型企业、年度新锐人物等十大奖项，达成了峰会贵阳共识，成为电商领域的年度盛会。

参会嘉宾一致认为，2018 数博会彰显了数据之魅、智能之美、融合之道，在前三届大会的基础上，国际化、专业化、高端化、产业化、可持续化水平明显提升，影响力越来越大，品牌知名度越来越高，数博会已成为全球大数据发展的风向标和业界具有权威性的国际性平台。

❖ 特色办会

数博会，作为全球首个大数据主题博览会，已连续成功举办了四届。贵州在产业创新的过程中，已形成一批大数据引领性、应用性、支撑性项目，在新一轮信息化潮流中抢得先机、掘得富矿，正在吸聚全球资源，吸引国内外项目纷纷落地，变成大数据从业者心之向往的"云端沃土"。"贵州发展大数据确实有道理。"贵州拥有得天独厚的地理位置、生态气候、政策、人才等优势，大数据"实验田"孕育破土，大数据产业基础已经牢固。众所周知，贵州发展大数据，数博会搭建了对外交流合作的平台，吸引全国大数据行业的一个又一个"第一"相继落地：首个国家级大数据综合试验区、首个国家级大数据发展集聚区、首个大数据产业技术创新试验区等的建设，已成为贵州坚守两条底线、创新思路谋发展，大力实施三大战略行动、真抓实干促赶超的生动体现。从 2013 年到 2018 年，贵州大数据产业从"无中生有"到风生水起再到落地生根。贵州先后获批建设国家级大数据产业发展集聚区、大数据产业技术创新试验区，成为国家大数据（贵州）综合试验区核心区。中国国际大数据产业博览会从 2015 年起已经举办了四届，升格为"国家级"再升格至国际级，2018 数博会更是国际范儿十足，特色鲜明。

1. 大会方向更加明确

2018 年是贯彻党的十九大精神的开局之年，数博会将紧紧围绕全面贯彻落实习近平新时代中国特色社会主义思想，全面贯彻落实习近平总书记对大数据发展一系列重要指示精神，突出"全球视野、国家高度、产业视角、企业立场"；坚持"国际化、专业化、高端化、产业化、可持续化"原则，紧盯大数据产业高端前沿发展趋势，聚焦大数据与实体经济深度融合，探索建立"一带一路"大数据国际合作机制，推动区域交流合作共享，为建设"数字中国"做出贡献，为全球大数据发展贡献中国智慧，提供中国方案。

2. 年度主题更加聚焦

在"数据创造价值 创新驱动未来"的大会主题下，以"数化万物·智在融合"为年度主题，2018 数博会举行了 5 场高端主题对话，分别围绕"人工智能""数据安全""万物互联""共享经济""精准扶贫"5 个主题，邀请全球顶级大数据企业和大数据领军人物同台论道。同时举行多场专业论坛，围绕数字经济发展、大数据国家治理、区块链等技术产业创新、数据安全保障、大数据与民生、区域合作与交流 6 大板块，深度探讨大数据与经济、文化、社会、生态融合应用的发展方向。

3. 活动内容更加丰富

2018 数博会围绕"同期两会、一展、一赛及系列活动"，举办了丰富多彩的相关活动。

● "同期两会"，即在举办数博会时，同期举办中国电子商务创新发展峰会，由政府、全球领先电商企业、创新实体企业、民间团体、电商行业领军人物进行对话交流，达成新的共识。

● "一展"，即在 2018 数博会期间设中国国际大数据产业博览会专业展，让广大群众体验到 AI、VR、AR、可穿戴设备等最前沿的科技成果，开启大家对未来美好生活的无限追求。

● "一赛"，即 2018 中国国际大数据融合创新·人工智能全球大赛，本次大赛分别在中国、美国、以色列设置了 6 个分赛区，来自全球 10 多个国家的 1000 余个团队参加了大赛，决赛成果将在数博会期间展示。

● "系列活动"，即 2018 数博会期间举办一系列个性化的活动，更好地促进大数据与实体经济、大数据与社会治理、大数据与百姓生活融合应用发展。

4. 参会嘉宾更加广泛

2018 数博会邀请到了全球知名大数据企业、互联网企业、软件企业如微软、苹果、英特尔、甲骨文和中国电信、中国移动、中国联通、中电科、阿里巴巴、腾讯、百度、华为、360、浪潮、科大讯飞等参会参展，被誉为"数字经济之父"的唐·塔普斯考特等知名学者也出席了会议。

5. 民众参与感更加强烈

2018 数博会秉承"高端、创新、专业、服务"的理念，全力为参会嘉宾、企业、老百姓和中外记者提供优质的服务和保障，让大家有了全新的"参与感"和"获得感"。除专业观众外，本届数博会吸引了 1.3 万余名群众自费购票前来听论观展，体验前沿科技的魅力。高峰对话会和部分高端论坛场场爆满、一票难求。广大市民群众对贵州贵阳举办数博会感到十分骄傲，对大数据给贵州带来的变化感受真切，对大数据的体验感、获得感更多更实。市民群众不仅把数博会作为茶余饭后热议的话题，而且自发当好宣传者、服务者，数博会的信息刷爆"朋友圈"。2018 数博会已成为老百姓获得感强、参与度高的科普体验平台。

6. 大会成果更加显著

2018 数博会围绕数据的"聚、通、用"，集中展示全球近 400 家企业关于人工智能、区块链、社会治理、产业创新、智慧城市、共享经济、大数据与实体经济融合、数据安全等方面的最新应用成果，集中展示大数据收集、储存、整合、管理、应用等方面的最新前沿技术。值得一提的是，会议期间将首次展示对"中国天眼"所接收的天文大数据进行处理的超算能力和技术应用成果；首次展示 5G 应用场景体验；首次发布《中国数谷》《块数据 4.0》《大数据战略重点实验室》等大数据前沿研究著作；首次发布贵阳市 100 个大数据应用场景招商信息。会议还发布了全球"十大黑科技"等一系列全球最前沿、最具颠覆性的重大科技成果和国内大数据城市安全指数等一系列行业发展报告，标志着数博会论坛已从前沿话题探讨、发布最新理论成果向占领标准战略高地的转变。

❖　亮点纷呈

2018 数博会是一届特色彰显、亮点纷呈的数博会。在论坛上，海内外嘉宾分享思想创见、碰撞智慧火花，"数字化提升人类生活品质""贵州贵阳将是未来中国最富有的地方之一""AI 需要有新的规则、新的价值观、新的伦理"……一个个新论断和前沿话题，将成为谱写万物皆可数字化未来的重要支点。展馆内外，国内外企业争相亮相、各显神通，谷歌 VR 眼镜手机、物流机器人、无人驾驶……一项项新技术将成为构建数载万物新生态的重要支撑。

1. 习近平总书记的贺信引发强烈反响

本届数博会是中国迈进新时代的第一次国际大数据产业博览会，习近平总书记发来贺信，对本届数博会的召开表示热烈祝贺，对实施国家大数据战略提出了明确要求，充分体现了党中央对数博会的高度重视、对贵州的亲切关怀和深情厚爱。总书记的重要指示站在造福世界各国人民，促进大数据产业健康发展，推动构建人类命运共同体的高度，深刻把握新一代信息技术给各国经济发展、国家管理、社会治理、人民生活所带来的影响，精辟地阐明了我国全面实施国家大数据战略，建设网络强国、数字中国、智慧社会，促进经济高质量发展的重大决策部署，积极倡导世界各国加强交流互鉴、深化沟通合作，共同推动大数据产业创新发展，共创智慧生活，为大数据发展进一步指明了方向，提供了遵循。

习近平总书记的贺信在中外业界、与会嘉宾、社会各界和贵州省上下引发了强烈反响，国内外主流媒体进行了转载。大家纷纷表示，贺信是习近平网络强国战略思想的具体体现，为推动信息技术的发展和应用，应对互联网信息安全和治理，全面实施国家大数据战略，提供了中国智慧、中国实践和中国方案。总书记的贺信给大家以极大的鼓舞和激励，成为继续办好数博会的强大动力。习近平总书记为2018 数博会的召开发来贺信，这是具有历史性、里程碑意义的大事，标志着数博会和贵州大数据发展事业站在了新的起点上，迈上了新的征程。

2. 参会规模创历史新高

本届数博会参会观展规模创历史新高。其中，参会嘉宾及代表5.3 万人，较去年增加 3.5 万人；参会国家 29 个，较去年增加 8 个；参会外宾 536 人，较去年增加 22 人；国内知名企业负责人 225 人，较去年增加 64 人；国外知名企业负责人 170 人，较去年增加 18 人；两院院士 23 人，较去年增加 5 人；国际知名专家及国外著名学府负责人 57 人，较去年增加 22 人。

3. 嘉宾层次大幅提升

本届数博会吸引了来自全球大数据政、商、学、媒的行业精英、业界领袖。英国约克公爵安德鲁王子等国外政要、政府机构官员以及美国、英国、意大利、韩国、新加坡、印度等国家驻华使节，国内知名企业负责人，国际知名企业高管，中外院士，国内知名院校、研究机构的负责人及专家学者，全球未来学和经济学家唐·塔普斯考特等国际知名专家及国外著名学府负责人，国内外知名行业协会及研究机构负责人参加了活动。各位行业大咖和业界精英在高端对话和专业论坛上同台论剑，提出了许多新思想、新观点，呈现了一场场精彩的思想盛宴。

4. 数博发布打响品牌

本届数博会紧盯大数据新理念、新思想、新技术、新产品、新模式、新应用，重点策划、创新推出"数博发布"特色品牌，举办了

40 余场系列成果发布活动。面向全球征集到 500 余项领先科技成果，严格评选并集中发布了大数据及关联产业的 11 项黑科技、10 项新技术、20 项新产品、10 个新商业模式等 51 项领先科技成果，受到了专家、学者及观众的一致好评。

大会首次发布贵州省大数据十大融合创新推荐案例，集中展示了大数据融合创新成果。30 余家国内外知名企业在数博会上发布新产品、新技术，易鲸捷公司的冷热数据分离异构介质存储架构、中科院的主权区块链底层技术平台等属全球首发，"数博发布"成为最具权威性和影响力的全球品牌。

5. 展览展示高端前沿

本届数博会深度聚焦数据、智能、融合，按照"馆馆是主题、馆馆都精彩"的要求，更加注重大数据产业创新和前沿技术展示，共展出超过 1000 项最新产品和技术与解决方案。

6. 专业论坛亮点纷呈

本届数博会各类论坛围绕大数据最新技术创新与成就，探讨大数据和各行各业深度融合的成果和问题，探寻大数据发展的时代变革，吸引了 661 位国内外嘉宾同台竞技、论见交锋。特别是万物互联、人工智能、区块链、数据安全、"大数据＋大健康"、工业互联网、精准扶贫、数字经济 8 场高端对话，成为参会嘉宾瞩目的焦点。

在本届数博会上，BAT 三大掌门人再次相聚，在各个高端对话发表精彩演讲，成为数博会的一大看点。一系列新理念、新思想、新观点在碰撞中凝聚共识、结出硕果，在探讨交流中找到了"大数据产业生态构建实践之路、大数据与实体产业深度融合路径"的"金钥匙"。

7. 组团参展趋势明显

本届数博会有参展企业 388 家，较去年增加 72 家；国际型参展企业 129 家，较去年增加 62 家，其中世界 500 强企业 18 家，参会的国外中小型企业和微创企业 145 家，是去年的近 3 倍；国际展位面积达到 10455 平方米，占全部展位面积的 48.1%。本届数博会延续专业定位，更加聚焦产业，业界影响力快速提升。

外国政府、外国行业协会展团首次集中亮相，首次开设"一带一路"国际合作伙伴城市展区，以色列展团、俄罗斯展团、马来西亚展团、英国展团、印度展团等 47 家企业集中参展。河北省 26 家企业组团参加数博会，参展产品涵盖智慧交通、智慧医疗、智慧社区等领域。一大批国内外知名企业主动对接参加数博会，Facebook、谷歌、日本 NTTdata、德国博世均为首次参展。

8. 市场运作更加成熟

本届数博会坚持以市场化运作为主，与 21 家企业达成招商合作关系。通过商业化运作和市场化赞助，引入各类社会化资金、资源、物资，市场化程度较去年提高 20%。同时，借助数博会的拉动效应，有效带动了各市（州）特别是贵阳市的服务业增长。据统计，数博会期间贵阳住宿业实现营业收入 5400 万元，增长 20%，全市酒店入住率超过 95%；餐饮业实现营业收入 1.05 亿元，增长 12.3%；接待旅客 410 万人次，增长 20%，旅游综合收入 22 亿元，增长 21%。

9. 智能特色全面彰显

大会充分展示了大数据前沿技术，精心策划、周密安排 VR、AR 技术、人工智能、无人驾驶等体验感、互动感十足的各类场景。成功举办了人工智能全球大赛，吸引了来自全球 15 个国家和地区的 1000 余支团队报名参赛。参赛项目涵盖智慧城市、智慧医疗、智慧金融等在内的 13 个实际应用领域，在人工智能开放创新平台上展示了 62 个人工智能优质项目，"AI 时代的智能客服""数据可视化解决方案""低功耗终端人工智能芯片""语言理解对话式交互技术"等一批技术性、前沿性和创新性突出的项目获得全球广泛关注，引领了全球人工智能技术创新的趋势。

2018 数博会"Move It"无人驾驶全球挑战赛同步举行，吸引了全球 100 多名顶尖工程师报名，10 个国家的 30 名工程师被选拔到贵阳参赛。特别策划了大数据实践成果观摩之旅，结合贵州大数据综合实验区发展实际，精心筛选了 33 个大数据实践观摩点、9 条观摩线路，供嘉宾前往参观访问，充分展示了中国数谷、云上贵州、爽爽贵阳的良好发展环境和良好"双创"生态。

10. 开启了"大数据＋文化"的探索尝试

从 5 月 22 日开始，连续 8 天举办"数谷之夜"活动，将非物质文化遗产与流行音乐完美结合，让观众在科技与文化的融合中体验到了别样的文化魅力，让世界看到"数谷之光"，听到"数谷之声"，体验"数谷空间"，分享"数谷文化"，为参会嘉宾营造了良好的商务沟通氛围，感受到了大数据引领下的贵州民族文化自信。

11. 国际传播力度空前

大会精彩丰富的活动引起了全球各界人士的广泛关注与热议。会议期间全球共有 193 家媒体的 1639 名记者参与报道了大会盛况，人数创历届新高。其中，《人民日报》、新华社、中央广播电视总台等中央媒体 17 家共 301 人；美联社、法新社、共同社、《华尔街日报》等国外媒体 29 家共 47 人；凤凰卫视、《香港商报》等港澳台媒体 13 家共 27 人。2018 数博会传播工作的最大突破是与央视财经频道开展战略合作，央视财经频道派出 60 余人团队在贵阳设立报道指挥部，推出"聚焦数博会"专栏，全面报道会议情况。2018 数博会相关稿件在 13 个国家和地区以 3 种语言同时发布，外媒发布总量达 263 家（次）。

数博会宣传短片在纽约时代广场纳斯达克大屏上播放。领英、推特、Facebook 等海外社交媒体推送 2018 数博会相关信息 100 余次，实现了全覆盖。国内《人民日报》《光明日报》《经济日报》《中国日报》等传统媒体对数博会的报道累计达 62 次，人民网、新华网、环球网、央视网等重点新闻网站及腾讯、新浪、网易等重点商业网站总计刊发转载稿件 8.9 万余（篇）次，网络浏览量达 38 亿人次。在社交媒体方面，微博对数博会开幕进行了置顶报道，2018 数博会相关话题帖子超过 2900 条，讨论 37.4 万余次，总阅读量超过 3.4 亿人次；微信数博会宣传片、嘉宾语录、展会黑科技等话题的文章出现了高转载。数博会成为全球关注的大数据盛会，贵州、贵阳依托数博会再次风行全球，其影响力、美誉度持续提升，为贵州、贵阳进一步扩大开放、用好国际国内两种资源两个市场提供了支撑。

❖　**瞩目成就**

　　作为全球首个大数据主题博览会，数博会从 2015 年第一次举办开始，已经走过几个春秋，并在 2017 年升格为中国国际大数据产业博览会，到 2018 年已是第四个年头了。在"数据创造价值，创新驱动未来"的主题下，从"'互联网＋'时代的大数据安全与发展"到"大数据开启智能时代"，从"数字经济引领新增长"到"数化万物·智在融合"，每一届数博会的年度主题都聚焦最前沿、引领新潮流，来自全球的大数据企业、大数据精英汇聚一堂，展示了最新的大数据创新成果，共谱大数据未来发展篇章。如今，数博会已成为国际顶级大数据专业展会，与乌镇世界互联网大会相互呼应、错位发展，形成了"东有乌镇互联网大会、西有贵阳数博会"的格局。苹果、高通、英特尔、微软、戴尔、思爱普等一批世界 500 强企业，中电科、阿里巴巴、华为、京东、奇虎 360、科大讯飞等一大批国内大数据领军企业纷纷落地贵州。截至 2017 年，贵州省大数据企业达 8900余家，大数据产业规模总量达 1100 亿元，对经济增长贡献率超 20%。政府管理和市民工作生活也因大数据而改变。社会和云、智慧城管、智慧交通、数字铁笼……目前，贵州已经有 68 个省直部门通过平台发布联通共享数据资源 2194 个，实现跨层级跨部门的政府数据共享和业务协同应用，涵盖交通、教育、环境、工商、科技、能源等多领域。2018 数博会再次响亮地向世界发出了中国大数据的"好声音"。习近平总书记专门向大会发来贺信，这是具有历史性、里程碑意义的大事，标志着数博会站在了新的起点上。

　　1. 招商引资、招才引智成效显著

　　数博会期间，贵州省、市均举办了系列招商推介活动，成果丰富、效果明显。经初步统计，截至目前，贵州省共成功签约项目 199个，金额 352.8 亿元，其中贵阳市成功签约项目 108 个，金额 221.6亿元。会议期间，贵州省投资促进局牵头举办了大数据招商推介会，面向全球发布了电子信息产业、大数据融合现代服务业、大数据融合农业、大数据融合工业、大数据核心业态等 100 个重点招商引资项目，这批项目聚焦大数据融合实体经济，投资规模达 1688.66 亿元。数字丝路跨境数据枢纽港公司在数博会期间揭牌。

2018 数博会期间，贵阳市、区两级策划招商项目 247 个，举办各类招商推介会 81 场（次），组织考察 278 次，对接企业 2000 余家，达成合作意向 218 家。此外还积极开展招才引智工作，举办了第三届大数据人才招聘季活动，共有国家大数据重点实验室、朗玛信息、海信网络、振华新材料等 100 余家知名大数据企业，提供 3000 个以上人才需求岗位，共有 586 人达成初步意向，103 人现场签订协议。

2. 大数据理论成果更加丰硕

大会首次发布了《数字经济与数字治理白皮书 2018》《数字中国》《"区块链＋"赋能数字经济》《中国数谷：大数据引领绿色崛起》《块数据 4.0：人工智能时代的激活数据学》《大数据蓝皮书：中国大数据发展报告 NO.2》《大数据优秀产品和应用解决方案案例系列丛书》等大数据前沿研究著作，首次发布了 360 数据安全重点实验室等单位共同研究的 2018 年城市数据安全指数、复旦大学等单位共同研究的数林指数等，还发布了《中国数字经济指数 2018 年度白皮书》。5 月 25 日，在大数据精准扶贫标准化论坛上发布的 15 项我国首批产业扶贫国家标准，标志着数博会论坛已从前沿话题探讨、发布最新理论成果向占领标准战略高地转变。

3. 融合创新的理念深入人心

通过持续实施大数据战略行动，以及四届数博会的成功举办，贵州省大数据产业蓬勃发展，大数据政用、商用、民用取得了显著成效，并深刻影响了经济社会发展的各个领域，为高质量发展注入了强大动力。在四年来的成功实践中，在数博会思想碰撞、观念洗礼中，融合是大势所趋，融合是方向，是出路，融合是共同追求，融合是科技进步的主题，已成为行业共识、社会共识。大家对"数据"、对"融合"的理解更加深入，体会更加深刻，一致认为，只有融合才能让数据释放价值、爆发力量，只有融合才能实现以信息化培育新动能、用新动能推动新发展；各地区、各部门、各行业、各企业都可以在与大数据融合中找到转型升级的路径，拓展创新发展的空间；融合需要大家各施所长、各尽所能；万物皆可数字化，数字化为融合发展创造了无限的机会，融合过程将催生无限的创新。社会各界对数据融合达成的共识，对于统一思想、凝聚力量，向纵深推进大数据战略行动，实现数字产业化、产业数字化，推动经济社会高质量发展奠定了坚实的思想基础。

4. 公众参与度持续提升

除专业观众外，本届数博会还吸引了 7 万余名群众自费购票听会观展，体验前沿科技的魅力，特别是 AR、VR、AI 等特色主题体验馆异常火爆，排起长队，争相感受最新穿戴设备、智能家居和终端体验项目，广大市民群众对成功举办数博会感到十分骄傲和自豪，对大数据给贵州、贵阳带来的变化满屏点赞，对大数据的体验感、获得感更多更实。

市民群众不仅把数博会作为茶余饭后热议的话题，而且自发当好宣传者、服务者，数博会的信息刷爆了"朋友圈"。老百姓纷纷发出"厉害了我的国、厉害了我的城"，"我爱我的国、我爱我的贵州"，"骄傲的大贵阳"等感叹。

➢ **中共中央政治局委员、全国人大常委会副委员长王晨**：诚挚欢迎大家都来拥抱贵州这片热土，与我们一道躬身耕"云"，共同谱写新时代大数据融合发展新篇章。

➢ **工业和信息化部副部长陈肇雄**：数博会日益成为业界盛会，贵州大数据发展走出了一条弯道取直、赶超跨越的创新之路，为数字经济发展打造了"贵州样板"，提供了"贵州经验"。

➢ **国家网信办副主任杨小伟**：近年来，贵州积极推动大数据发展，实现后发赶超，成为我国大数据发展的新高地。

➢ **英国约克公爵安德鲁王子**：英国正努力打造新的数字治理模式，发展数字经济，表示将继续与中国及世界其他国家携手合作，并积极参与贵州大数据发展，让数据改变我们的生活，为人类带来更多福祉。

➢ **腾讯董事会主席兼 CEO 马化腾**：贵阳是"全国最年轻的城市"。过去贵阳在地理气候方面的缺点今天反倒成为得天独厚的优势。

因此，很多互联网公司都在贵州建立数据中心，比如阿里巴巴、百度、京东和腾讯等。腾讯在贵安新建的七星数据中心开始投入一期试运行，今天下午我要去现场参加启动仪式，就在两座山体之中，地理位置非常安全隐蔽，山洞温度较低，周边水电资源非常丰富，能够降低能耗，未来腾讯要把重要的数据存储在这里。

第三章　数博宏声

　　数博会已成为全球大数据领域影响最大，业界精英汇聚最多的国际性盛会。4年来，数博会实现了从省级、国家级到国际级的两级跳。这两级跳，不仅是贵州大数据产业的两次升级，而且是中国经济改革的两次跃进。大数据改变了贵州，成为世界认识贵州的一张崭新的名片。贵州能在大数据发展上行稳致远，得益于贵州全省干部敢于创新，勇于创新，以"钉钉子"的精神，一任接着一任干，将大数据的发展蓝图一绘到底，并不断培植后发优势，奋力后发赶超，终于走出一条有别于东部、不同于西部其他省份的发展新路。

　　习近平总书记强调，不创新不行，创新慢了也不行。如果我们不识变、不应变、不求变，就可能陷入战略被动，错失发展机遇，甚至错过整整一个时代。大到一个国家，小到一个城市，无不如此。谈到创新，世人推崇的从0到1，而不是从1到N。而在著名经济学家钱颖一看来，1到N有两种可能，一种是简单的模仿，一种是学习中创新，既有技术创新，更有结合本土文化的创新。大数据产业不是起源于贵州，但贵州之所以后来居上，在一些领域处于领跑地位，正是因为在学习中创新，并能因地制宜，扬长避短，将长处发挥到极致，最大限度地展现自身优势。

　　大数据已经改变贵州，并将继续改变贵州。换一个角度看，贵州也正改变着大数据，让大数据更有魅力，让大数据产业更有前景，让大数据发展更深刻地造福人类。正如贵州省委书记、省人大常委会主任孙志刚提出的要求："加快大数据与实体经济的融合，加快大数据与乡村振兴的融合，加快大数据与服务民生的融合，加快大数据与社会治理的融合，推动实体经济转型升级，推进农村产业革命，提高人民群众生活质量，提高政府治理能力和水平，在大数据融合方面创造新经验、闯出新天地。"大数据遇见贵州，贵州拥抱大数据所带来的"化学反应"一定会越来越让人惊喜。

中国国际大数据产业博览会历经4年的孕育和发展，实现了"一年出生、两年长大、三年当家"的宏伟目标，已经成为当前和未来全球大数据发展的重要风向标和战略策源地。4年来，无数专家学者亲临贵阳，数博盛况历历在目，数博论道音犹在耳，在这场举世瞩目的年度盛会上，贵阳以其实际行动和丰硕成果向世界一次次证明了"中国数谷"的实力和魅力。本章旨在回顾4届数博会的大事与精彩瞬间，聚焦国家大数据综合试验的贵州声音和数谷智慧，集中展现全球大数据领域最新、最有用、最高端的前沿理论与科学动态，并从"产、学、研、用、媒、金"等百家的声音多方位、多视角、多维度地解读数博会的时代价值和世界意义，以探索和总结贵州大数据从"无中生有"到"风生水起"再到"落地生根"的创新奇迹，彰显和传递中国数谷、爽爽贵阳的科技之美、数据之美和智慧之美。

一　大师"聚智"：把脉大数据前沿风向标

数博会作为全球首个大数据主题博览会，现已成为中国最具国际化和产业化的高端专业平台，与乌镇世界互联网大会相互呼应、错位发展，形成"东有乌镇互联网大会、西有贵阳数博会"的良好格局。据不完全统计，数博会云集了白春礼、梅宏、邬贺铨、倪光南等30余位国内外院士，带来大数据时代的"最强大脑"，发出大数据时代的"最强声音"，把脉大数据时代的最新前沿，助力中国大数据产业转型升级，乘风破浪，直上云霄。

大数据不仅是一种海量的数据状态、一系列先进的信息技术，而且是一套科学认识世界、改造世界的观念与方法。中国科学院院长白春礼指出，大数据既是需求和技术驱动下的必然结果，也是解决未来发展诸多问题的有效选择。大数据涉及科技、社会、伦理等诸多方面，需要我们以更加开放的心态，以进步发展的理念，积极主动适应大数据时代所带来的深刻变革。当前，科技界和产业界要通力合作，重点做好四件事：一是深化产学研合作和国际合作，加强开放创新。二是加强开放共享，消除数字鸿沟。三是加强大数据人才培养。四是加强政府治理，保障大数据安全。

中国科学院院长白春礼

❖ 人工智能

人工智能是全球新一轮科技革命和产业变革的着力点，是一片蕴藏无限生机的产业新蓝海，发展人工智能对于推动我国实现经济结构转型升级，提升国际竞争力至关重要。人工智能是研究和设计智能系统，并使智能系统能够智能感知周围环境，然后像人一样思考，做出最佳决策，最后反作用于周围世界产生作用。产业化是人工智能的发展方向，也是时代趋势，浩浩荡荡，不可阻挡。如何将人工智能技术变成产业、创造价值，中国科学院院士、清华大学人工智能研究院院长、深醒科技首席科学家张钹强调了四个因素：数据、人工智能算法、计算资源和应用场景，必须把这四个因素有效地结合起来，才能把技术转化成为价值。

中国科学院院士张钹　　　（图片来源：当代先锋网）

❖　物联网

物联网技术的普及和应用，正在驱动着人类社会迈入万物互联的连接时代。目前，信息社会的发展已经开始从"互联网＋"向"万物＋"转变，同时"万物＋"所需技术条件基本具备。未来，"万物＋"将在大数据、云计算等技术的支撑下，挖掘万事万物的数据价值，衍生出新的应用类型和商业模式。而就物联网技术的应用现状来看，中国科学院院士尹浩指出，整个中国乃至世界的物联网行业，还处于初级发展阶段。现阶段物联网的垂直封闭应用，极大地限制了物联网的发展和价值体现。物联网行业本身就是碎片化的，只能进行必要的整合，进行产业链的重组重构，这种状况导致我们物联网企业饿不死，也长不大。

中国科学院院士尹浩　　　（图片来源：树根互联）

❖ 区块链

区块链是一种利用密码学技术，将系统内的有效交易进行编码的可附加账本。区块链的安全与其他重要信息系统是相同的，因为它是一个典型的信息应用系统。中国工程院院士沈昌祥提出，要高度重视区块链安全，从网络安全等级保护出发做好区块链安全，只有可信计算才能解决区块链的安全问题。其中，一是计算资源可信，二是交易数据可控，三是交易过程可靠。这样才能做到攻击者"进不去"，非授权者重要信息"拿不到"，窃取保密信息"看不懂"，信息"改不了"，系统工作"瘫不成"，攻击行为"赖不掉"。

量子信息。量子是一个态，所谓态在物理上不是一个具体的物理量，不是一个单位，也不是一个实体，而是一个可以观测记录的一组记录，但是这组记录可以运算。而量子信息学是研究这方面问题的学问，简要来说是量子力学和信息学的交叉，主领域包括量子计算的抽象推演以及量子计算机方面的物理系统实践、量子通信和量子密码学。中国科学院院士潘建伟指出，人类历史上有两次产业革命，除了

中国工程院院士沈昌祥

牛顿力学外，20世纪初，随着量子力学的建立，催生出以信息技术为代表的第三次产业变革，X射线、能源科学、信息科学、生命科学、材料科学都是跟量子科学紧密相关的。在某种意义上，我们可以说，正是因为量子科学才催生了现代信息技术的发展。

❖ 数据安全

数据安全成为重要议题，数据被攻击、窃取、滥用和劫持等活动呈现出产业化、高科技化和跨国化等特性，对国家安全提出了全新挑战。中国工程院院士邬贺铨认为，网络安全构建数据安全基础，人工智能提升数据安全能力，数据安全推动制度法规建设。要以推行电子政务、建设智慧城市等为抓手，以数据集中和共享为途径，推动技术融合、业务融合、数据融合，打通信息壁垒，形成覆盖全国、统筹利用、统一接入的数据共享大平台，构建全国信息资源共享体系，实现跨层级、跨地域、跨系统、跨部门、跨业务的协同管理和服务。要加强政企合作、多方参与，加快公共服务领域数据集中和共享，推进同企业积累的社会数据进行平台对接，形成社会治理的强大合力。

中国科学院院士潘建伟　　（图片来源：多彩贵州网）

中国工程院院士邬贺铨

❖　**数据治理**

大数据是国家核心资产，是全社会的公共事务，需要以治理的思维方式改进传统的数据管理。数据治理思维是要建立由政府负责、社会协同、公众参与、法制保障的全面数据管理思维。数据治理的目标主要是强调数据利用的最大化，并使数据充满活力。构建大数据治理体系，中国科学院院士梅宏认为，必须跳出单个组织的边界，从营造

国家大数据产业发展环境的视角进行全面和系统化的考虑，主要有四个方面的内容：一是数据资产地位的确立；二是明确数据的管理体制；三是促进数据共享和开放；四是要加强对数据的安全和隐私保护。

中国科学院院士梅宏　　　（图片来源：多彩贵州网）

❖　**未来网络**

网络能够灵活提供差异化的服务质量保证，势在必行，"互联网＋"成为互联网的高级阶段。中国工程院院士刘韵洁认为，现有网

络面临着挑战：一是由于传统网络结构不灵活，不能适应不断涌现的新业务需求，网络可持续发展日益严峻，服务质量难以保证，产业价值链难以为继。二是互联网流量飞速增长，信息冗余传输严重，网络难以适应未来信息海量增长的需求。三是信息网络和传统行业深度融合发展具有巨大空间，但现阶段信息网络在实时性、安全性、灵活性等方面满足不了应用需求。对于全球未来网络的发展方向，刘韵洁希望是服务定制网络（SCN）的概念，即未来网络应该是简单、开放、可扩展、安全可靠的、融合的；运营商能够高效、灵活地调度网络及信息资源，提供差异化的高质量服务。

中国工程院院士刘韵洁

❖　**智能制造**

工业大数据分为需求大数据、产品大数据、制造大数据、使用大数据四大类型，贯穿于设计、制造、使用、维修、回收各个环节。工业大数据具有三大特点：一是语义性，每个数据都附带了一定程度的物理意义；二是时效性，数据一旦时间过长就会失效；三是异构性，数据结构复杂，既有图像、图片、图形，又有数据和函数。对于工业大数据的关键技术及其在智能制造中的应用，中国工程院院士谭建荣指出，智能制造是智能技术与制造技术的融合，要用智能技术解决制造的问题。从数字制造到智能制造，是制造业发展的必然趋势，也是美国"先进制造业国家战略计划"、德国"工业 4.0" "中国制造 2025"这三大战略计划的重要内容之一，而智能制造则是这三大战略计划的核心部分。

中国工程院院士谭建荣

❖　**精准医学**

组学大数据与医学的结合，产生了精准医学这个概念。2015 年，继美国之后，我国启动了精准医学的研究与推进工作。中国科学院院士陈润生指出，20 世纪 90 年代人类破解了自己的遗传密码，但需要消耗 100 亿美元，30 年来，这个效率提高了 10 的 6 次方倍，价格降低了 100 万倍。但是要知道遗传密码真正的含义，大数据技术的应用就非常关键。毕竟，目前医学领域的基因组信息才被利用了3%，97%都没有被挖掘，所以大数据在医疗领域有巨大的潜力，只是要实现精准医学，还面临着诸多现实的挑战，路还很长。非编码的大数据研究可能会对疾病的诊断治疗带来全新的平台，或者为全新的药物设计和研发提供新方向。

中国科学院院士陈润生

二　大咖"论道"：抢占大数据发展制高点

数博会是全球媒体聚焦，发出中国大数据好声音的重要窗口。每一年的数博会，都是大咖云集、高朋满座。4年来，数博会的"朋友圈"实现了数倍扩张。每到数博会期间，马云、马化腾、李彦宏、刘强东、雷军、周鸿祎、齐向东、郭台铭、孙丕恕、德里克·阿伯利、克里斯蒂亚诺·阿蒙等国内外知名"大咖"纷纷从世界各地赶来，与社会各界的朋友共襄盛会，共赴数博盛宴，聆听和论道全球大数据发展的最新前沿和时代风向。

❖ DT 时代

世界正从 IT 走向 DT，IT 以自我控制、自我管理为主，DT 以服务大众、激发生产力为主，未来属于 DT 时代。阿里巴巴董事局主席马云表示，IT 和 DT 不仅是技术的升级，而且是两个时代的竞争，DT 是一个新时代的开始，因此要培养 DT 时代的思维。"IT 时代是让自己更加强大，DT 时代是让别人更加强大；IT 时代是让别人为自己服务，DT 是让你去服务好别人；IT 时代是通过对昨天信息的分析来掌控未来，而 DT 时代是去创造未来。""DT 时代"竞争的是平台型组织，是整个生态，而不是工具和技术——"DT 时代是生态竞争而非工具竞争"。马云强调，贵州已经全面进入大数据时代，正如 13 年前

人们埋怨电子商务冲击零售行业，认为很多线下小店关门是马云和淘宝惹的祸，10 多年以后，很多人也许会说很多问题是贵州惹的祸。"如果你不参与整个大数据的建设，如果你不参与大数据技术、云计算，不把自己的企业真正变成一个互联网的制造业，我相信你一定会像今天一样抱怨和埋怨。"

❖ 无人驾驶

社会经济的不断发展，交通基础设施建设和道路状况无法满足当前社会交通的需要，交通安全问题和交通拥堵问题已然成为进一步提升社会生产活动效率的绊脚石。无人驾驶具有比人类更加广阔的环境感知能力和得天独厚的路径规划能力，能够大幅度降低交通事故率，缓解交通拥堵压力，成为汽车发展的必然趋势和汽车发展的新方向。对于无人驾驶自身的安全性问题，百度在线网络技术（北京）有限公司董事长兼首席执行官李彦宏表示，人工智能不可能威胁到人类安全，安全是百度推动自动驾驶技术开发的"第一天条"。针对 AI 的终极理想，他认为，AI 时代需要探讨构建包含规则、伦理和价值观的新"红绿灯"：一是 AI 的最高原则是安全可控；二是 AI 的创新愿景是促进人类更平等地获取技术和能力；三是 AI 的存在价值是教人学

习、让人成长，而非超越人和替代人；四是 AI 的终极理想是为人类带来更多自由与可能。他表示，AI 的使命不是替代人，而是让技术忠诚于人类、服务于人类，让人类的生活变得更美好。

❖ **数字经济**

在当今世界，各国都十分关注数字经济，中国也正处于数字经济发展的关键阶段。对此，腾讯控股有限公司董事会主席兼首席执行官马化腾有自己的看法，他认为，数字经济有三大特点：一是"实"；二是"新"；三是"联"。实，就是实体经济的"实"。实体经济正在全面数字化，相信未来的"数字"将会进入实体经济的各行各业和各个角落。在这种情况下，腾讯的定位非常清楚，就是做"连接器"，做基础设施，做"配角"，"主角"是各行各业的传统企业，腾讯只是为其提供工具。新，指的是创新。在数字经济时代，有大量的创新机会。每一个垂直领域，都蕴含着创新。比如说，贵州有一个企业叫货车帮，它在 360 多个城市里开通了服务，把全国的货车与货物精准对接起来，极大地降低了空载率，并给司机提供精准服务，这是比较好的案例。又比如，做房产中介的链家，敢于突破、敢于往线上走，实现线上线下的结合。还有，腾讯参与投资的未来汽车，或者叫电动车，跟无人驾驶、云计算等结合起来。这些都具有数字经济创新性的特点。未来，人们会看到工业领域互联网化、信息化。联，也就是联通。在数字经济时代，越来越多的中国企业走出去，可以叫"数字经济丝绸之路"。这几年里，中国的电影、电视剧、网络游戏特别是手机游戏、音乐、动漫等数字文化产业蓬勃发展，这些都是数字经济时代的"新丝绸"。中国应该抓住大好机遇，积极走出去，和更多更好的国外企业合作，到全球布局数字文化产业。

❖ **实体经济**

我国经济正转向高质量发展阶段，推动互联网、大数据、人工智能和实体经济的深度融合，以大数据培育新兴产业、改造传统产业，对推动我国经济迈向中高端具有重要意义。贵州全省紧紧围绕"互联网"和大数据战略的实施，不断促进大数据与产业融合，将传统制造业、高端装备制造业、物流业及新兴产业与大数据深度融合发展，着力提升企业的绿色发展能力，促进企业转型升级，加强产品质量和品牌建设，实现高质量发展。目前全球知名酒企均在进行大数据变革，茅台将大数据及互联网和工匠精神深度融合，以大数据革命引领茅台创新发展：搭建物联网云商平台，实现全产业链的数据追溯，构建集收藏拍卖于一体的综合品类交易平台，每一瓶茅台酒的走向都能迅速汇成公司最有价值的信息，构成公司全产业链大数据。此外，利用3—5年时间建设大数据平台，加强与消费者的无缝连接，形成茅台全球化的制造、交易、互动全产业链。

❖　5G 通信

移动互联网技术将全球超过 2/3 的人口紧密相连，为各行各业带来革新，为社会创造新的机遇，改变着人类的生产生活方式。5G通信不是 4G 通信简单地迭代和更新，5G 具有高带宽、广覆盖与低延迟的优质特点。GSMA 大中华区战略合作总经理葛顾指出，5G 和移动互联网是智慧互联的两大驱动力，并呈现出智能、云化、开放、泛载的特点和趋势。根据人和物的状态变化和需求变化，持续优化网络结构，不断提升和保障网络服务质量成为当下最为紧迫的需求。运营商作为数字化转型中的主导者，通过 5G 和移动互联网等基础能力的提升，将为整个社会数字化转型提供坚实的基础。高通公司全球总裁克里斯蒂亚诺·阿蒙表示，5G 和人工智能同步发展，紧密配合，将带来巨大潜力，会彻底改变人们对大数据的理解。他表示，高通与无线通信行业其他公司一样，努力创造 5G 技术，其中一个目标就是能否满足所有应用场景的需要。"现在通信技术首次实现以太网的性能，工业以太网使得所有连线的设备都可以配置和实时连通。"他指出，5G 的速度是极快的，它可以提供关键业务，达到以太网的性能，使得这些设备处在网络边缘可以接入和使用最高性能的运算服务，这些设备会变得非常的智能化，让大数据公司进军全新的领域。

❖　**数据智能**

数字技术已经改变了人员和企业的互动方式。数字的力量促使行业间前所未有地相互渗透，并从根本上改变了经济模式。为了在颠覆性的环境中立于不败之地，企业需要打造富有吸引力的新体验，形成新的关注重点，为新的工作方式提供新的专业技能和设备。企业领导面临残酷的抉择：要么对企业进行数字化改造，要么"坐以待毙"。要成功实现数字化变革，就必须从根本上重新思考企业的运营模式以及企业与环境的互动方式。微软全球执行原副总裁陆奇表示，在微软看来，推动数字化变革的动力来自于三个紧密关联的技术趋势：第一是云计算；第二是大数据；第三是人工智能。不只在商业领域，数据智能也可以帮助人们更好地生活。智能数据已经不再是远离现实的科学幻想，微软一系列的技术创新已经使得高大上能够接地气，现在全球各地的每一个开发者都可以利用为微软认知服务提供的 22 个接口为手机、应用、网页加入智能服务，不但能够区别年龄、语音识别、实时语音翻译，还能实现智能搜索、自主对话和更多的创新应用。

❖　**数据安全**

大数据是一把双刃剑，在带来巨大价值的同时，也带来很多挑战。奇虎 360 总裁齐向东在会上表示，"传统安全＋互联网＋大数据"是更好的安全解决方式。他说，大数据是双刃剑，可以造福于社会和人民，如果被一些人利用，就可以损害社会利益和公众利益。他以自动驾驶和无人机为例，指出要想实现自动驾驶，就需要把大数据传到云，从云端指挥。如果从网络劫持了数据，无人机和自动驾驶的数据将被破解，这些云端的大数据会被黑客通过数据欺骗的手段进行替换，这样，一些智能硬件有可能会变成傻瓜硬件，成为伤害我们家庭的利器。所以各级政府和企业在发展大数据的时候一定不要忘了考虑安全问题，以及云的大数据中心，一旦发生重大的安全泄露事件，有可能导致这个数据中心失去客户。所以现在依靠安装几个安全设备和安全软件就想永保安全的想法已经不合时宜，需要设立动态的安全理念，针对变幻莫测的网络攻击，要求具备全天候、全方位的网络感知能力，就是要用大数据解决网络安全的问题。

❖　**数权法**

大数据已经成为国家基础性战略资源，将成为一种新的生产要素，当前世界各国都非常重视大数据的发展，将促进大数据的发展上升到国家战略。2015 年国务院正式出台了《促进大数据发展行动纲要》，加强大数据的发展和应用。大数据的发展，需要通过立法界定数据权，加强个人信息保护，但目前我国的相关立法还处于空白阶段。因此，应当尽快研究大数据方面的法律问题，合理界定数据权利，构建数据权法律制度，推动数据交易市场的形成和发展，利用大数据促进社会政治经济的发展。大数据战略重点实验室主任、贵阳创新驱动发展战略研究院院长连玉明说，2007 年我国颁布了物权法，在法律上明确了物权的概念。随着大数据时代的来临，数据也成了一种独立的客观存在。在大数据时代，数据的所有权、知情权、采集权、保存权、使用权及隐私权等，构成了每个公民在大数据时代的新权益。"数据有价"，因而有必要赋予数据财产权，依法保护数据财产。数据具有无限可复制性，且复制几乎不产生新的成本，往往表现为一数多权，数权的本质是共享权，不具排他性。对于如何进一步明确数据的归属，保护权利人的数权，连玉明认为，数权法是调整数据权属、利用和保护的法律制度。我国数据开发利用的整体水平偏低，深层原因主要是数据权属立法的缺失，公开主体对自身权利和义务有诸多不确定与顾忌，严重影响了政府数据开发利用的广度与深度。

❖　**虚拟现实**

技术筑造了人类存在的方式，"生活世界"被打上深刻的技术烙印。"工业 4.0"的提出使得以 3D 打印、人工智能、虚拟现实、大数据、云计算等为代表的"后现代技术"显示出其对人类生活的强大影响力。其中，虚拟现实是人机交互技术最前沿的应用之一，与传统的桌面级人机交互不同，在虚拟现实系统中，操作者可以通过头戴显示器、人体姿态传感器等虚拟现实装备接入虚拟场景，在虚拟场景中对物体进行直接操作，并获得实时操作反馈信息，是一种具备多感知性、高真实性的沉浸式人机交互技术。虚拟现实技术的两个特点就是沉浸感和交互性。虚拟现实科技的快速发展以及大数据的推进将颠覆以前被束缚的思想，也能让我们梦想成真。HTC 董事长王雪红表示，虚拟现实科技将颠覆每个行业领域，将会应用在最大的行业零售业领域。虚拟现实科技也可以用到教育领域，虚拟实验室将替代今天传统的地理、天文、语言、数学、化学等实验室。

❖ **智慧零售**

腾讯云智慧零售解决方案亮相数博会，腾讯董事会主席兼首席执行官马化腾表示，希望提供更丰富有效的数字工具，帮助各行各业打通"奇经八脉"，让整个产业链条的数据能够流动起来，激发数字创新。腾讯云零售解决方案背靠腾讯海量数据，将大数据和用户标签打通，发掘更大的获客潜力，帮助品牌推动人、货、场三要素的精准运营管理。以"人"为中心，到店自动人脸识别，打通社交数据，建立个人消费档案，精准触达消费者。"货"则是基于丰富的大数据，发现人群与商品之间的关联，智能选品、定价，提供更精准的销售建议。"场"则包含从选址到商圈分析到智能收银再到智能巡店以及整个店铺管理优化一系列环节，从各个消费场景入手提升用户购物体验。可以说，人、货、场的升级重构正是腾讯云打造全链路智慧零售的画像，知人知货知场的逻辑、知人知面知心的科技。国内知名电商京东也在智慧零售上发力，京东集团 CEO 表示："大数据对中国的零售业和消费品行业带来了效率提升，随着大数据应用的深入，可以进一步降低社会成本，最终真正实现社会零库存。在新的浪潮下，对每个行业、每个公司、每个国家，都会带来巨大的变化，这种变化就是机会。"

三　大国"合作"：构建大数据命运共同体

　　大数据是新时代的黄金和石油，其发展必将成为全球发展的重要一环，是世界各国建设的重点项目。目前，我国以大数据为核心的全产业链、全服务链、全治理链建设已经开始布局并逐渐走向成熟。站在新的历史节点上，为把握好大数据发展的重要机遇，加速融入全球产业布局，促进我国大数据产业健康长效发展，应当与世界各国加强交流互鉴、深化沟通合作，以共同打造互联的世界大数据为目标，处理好数据安全、网络空间治理等方面的挑战，才能实现互惠互利的共赢发展。

❖　英国

　　大数据技术是英国八大领先科技之一，当 AlphaGo 享誉世界的时候，你会发现谷歌背后是一家名叫 DeepMind 的英国科技公司，你也会认识到伦敦大学学院在神经网络和人工智能领域的研究全球领先，这一切都是科技创新在英国的真实写照。英国驻重庆领馆总领事艾佩诗指出，英国是计算机及信息服务全球第二大出口国，在数据收集、数据分析、数据成果转化等方面具有较强的核心优势，在医疗、媒体、交通、金融、能源、武器制造和卫星等领域也具有较为丰富的理论优势和技术优势。英方企业希望能与中方企业一道进一步拓展市场，搭建更为紧密的合作伙伴关系，共同推动中英两国在黄金时代关系的进一步酝酿和深化。"2018 中英智能连接·英国日对接会"正是为中英企业深入交流合作搭建的高端平台，针对"智能制造 2025"和"互联网＋"的深度融合，带来了 13 家英国大数据领域的创新科技企业和项目，聚焦物联网垂直领域，对接贵阳优秀企业，以期促成合作，助力贵阳"千企引进，千企改造"，实现商务共赢。

❖　意大利

　　意大利国家卫生系统被誉为世界上最高效的卫生体系之一，其经验和做法值得中国学习和借鉴。"中意大数据合作机遇：医疗及公共政务论坛"正是以制定有效且高效的数据开发方法为目标的，以改善公共服务，特别是针对公众健康的服务为导向，促进中意两国优秀专家的友好对话，促进中意两国之间的科学和产业合作，促进知识交流和共同关心的项目的开展。据了解，2017 年意大利政府批准开发了公共管理信息系统的参考模型，该模型基于后端和前端分离架构的方法对公共数据进行收集和管理。数据层面采用开放的逻辑和标准，有利于公共和私人参与者对数据进行安全访问和制定隐私规则。在数据实施层面，政府已经投资 5 亿欧元向公共管理部门提供基本的"大数据"服务以及主管部门之间交换数据和信息的服务，包含"as-a-service"和"on-premise"模式。意大利国家卫生系统的成功既得益于意大利的文化传统，同时也代表着医学知识与先进技术之间进行协同作用的一种务实的新方法。

❖ 印度

印度有望成为通过信息产业带动经济跳跃增长的国家，近年来，中国在信息产业及互联网行业的应用创新，也得到了长足的发展，其中硬件制造、基础设施、信息产业总量强于印度。两个国家都有着庞大的市场体量，如何打破文化壁垒，实现产业上相互结合、技术上相互渗透、人才上的相互流动，充分展示大国间的创新型分享经济，是两个国家在对方身上找答案、解决自己问题的重要途径。2017 年 5月 14 日"一带一路"国际合作高峰论坛在北京顺利举行，各国人民共商推进国际合作、实现共赢发展大计。为携手推进"一带一路"建设，2015 年贵州曾成功举办了中印 IT 产业论坛，之后相关企业也与贵州展开了深度合作，NIIT 在贵州设立了三个实训中心、NASS-COM 与贵阳市形成战略伙伴关系，相关的创客团队展开交流和学习。"2018 中印 IT&DT 产业合作发展论坛"的举办，将更好地发挥双方自身优势，挖掘合作契机，拓宽合作领域，采取多元化合作方式，助力贵州的大数据产业发展，成为构建中国与印度等新兴市场相互了解的多元化矩阵。

四　大媒"聚集"：打造贵州国际影响力

4 年数博会的成功举办，集聚了大数据产业发展的各种要素，促进了大数据项目落地贵州，推动了大数据产业的发展，同时也增强了贵州的国际影响力。

贵州影响力的提升，媒体报道功不可没。

"小荷才露尖尖角，早有蜻蜓立上头"。贵阳 4 年数博会的成功举办和全球知名新闻媒体的聚焦正如该诗句的描述。

2015 年，首届贵阳国际大数据产业博览会成功举办，此博览会与德国汉诺威 CeBIT 展、美国 CTIA 无线通信展、中国乌镇世界互联网大会等展会齐名，博览会共吸引 CCTV、路透社、《华尔街日报》等 65 家国内外知名媒体参与报道，610 余名记者云集贵阳，数百家网络新媒体对数博会进行了报道，其中央视《新闻联播》《东方时空》《晚间新闻》均对数博会活动进行了深入的专题报道。

此后，每一届数博会上精彩丰富的活动都引起了全球各界人士的广泛关注与热议。新闻媒体对数博会的报道呈明显上升趋势。

2016 数博会共邀请中央、境外、国外、省市、网络媒体 185 家，记者 1138 名。其中，中央媒体 24 家，285 人；外国媒体 12 家，21 人；港澳台媒体 26 家，37 人；省外媒体 63 家，117 人；省内媒体 19 家，468 人；网络媒体 41 家，210 人。《华尔街日报》《金融时报》、美通社、彭博社、日本经济新闻、意大利国际杂志、韩国中央日报、印度教徒报等海外媒体，国内主流媒体，网络媒体全方位、多形式、多视角对数博会盛况进行了报道，多家媒体对开幕式第二阶段进行全程直播报道。媒体播发各类宣传报道 6190 篇，收到了良好的反响。

2017 数博会到会媒体和记者数量均创历史新高，共计有 210 家媒体和 1028 名记者参会。美联社、路透社、共同社、法新社、埃菲社、德国商报、香港凤凰卫视等 39 家全球知名媒体的 65 名记者进驻报道，领英官方门户和《人民日报》、新华社、《中国日报》的海外脸书、推特账户也都对数博会进行了专题推送和报道，截至 2017 年 6

月 1 日，据不完全统计，海外、境外媒体发稿 600 余条，海外点击量超过 30 万次，远超国内外同类展会。

在 2018 中国国际大数据产业博览会期间，全球共有 193 家媒体的 1639 名记者参与报道了大会盛况，人数创历届新高。其中，《人民日报》、新华社、中央广播电视总台等中央媒体 17 家共 301 人；美联社、法新社、共同社、《华尔街日报》等国外媒体 29 家共 47 人；凤凰卫视、香港商报等港澳台媒体 13 家共 27 人。2018 数博会相关稿件在 13 个国家和地区以 3 种语言同时发布，外媒发布总量达 263 家（次）。数博会宣传短片在纽约时代广场纳斯达克大屏上播放。领英、推特、Facebook 等海外社交媒体推送 2018 数博会相关信息 100 余次，实现了全覆盖。国内《人民日报》《光明日报》《经济日报》《中国日报》等传统媒体对数博会的报道累计达 62 次，人民网、新华网、环球网、央视网等重点新闻网站及腾讯、新浪、网易等重点商业网站总计刊发转载稿件 8.9 万余（篇）次，网络浏览量达 38 亿人次。在社交媒体方面，微博对数博会开幕进行了置顶报道，2018 数博会相关话题帖子超过 2900 条，讨论 37.4 万余次，总阅读量超过 3.4 亿人次；微信数博会宣传片、嘉宾语录、展会黑科技等话题的文章出现了高转载。

4 届数博会，融合线下媒体，举行发布会，走出贵州，走向世界，全方位宣传贵州，打造了贵州的国际影响力。

2015 年，为宣传贵州，扩大贵州影响力，数博会共设置大型户外公益广告牌 28 块，在中心城区主要路段设置 14 块 LED 屏滚动播放数博会宣传视频短片，在出租车车载 LED 屏滚动播放数博会宣传口号。2015 年 1 月 8 日、4 月 17 日在北京举行了新闻发布会，向国内外媒体介绍数博会的活动安排和精彩亮点。

2016 数博会共设置大型户外公益广告牌 75 块，墙体广告 5000 平方米。中心城区主要路段设置 16 块 LED 屏滚动播放数博会宣传视频短片，在出租车车载 LED 屏滚动播放数博会宣传口号，在 5000 台楼宇视频终端滚动播放宣传标语、论坛宣传视频短片。2016 年 1 月 28 日、3 月 1 日在北京举行了 "2016 中国电子商务创新发展大会暨贵阳国际大数据产业博览会"和"2016 数博会痛客计划新闻发布会"。同时，"云上贵州"大数据商业模式大赛复赛路演在全国各地精彩上演，通过到当地推荐数博会，吸引大量业内人士关注数博会，引起极大反响，取得了良好的新闻宣传效果。

2017 数博会共设置大型户外公益广告牌 70 块，墙体广告 5000 平方米。中心城区主要路段设置 11 块 LED 屏滚动播放数博会宣传视频短片，在出租车车载 LED 屏滚动播放数博会宣传口号，在 5000 台楼宇视频终端滚动播放宣传标语、论坛宣传视频短片。

与往届数博会不同的是，自 2017 年 5 月 5 日开始，在时代广场这个被誉为世界十字路口的地方，纳斯达克屏和路透社 12 块大屏在 8 周时间里反复播放"2017 中国国际大数据产业博览会"宣传片，向全球各地的 IT 上市公司展示贵阳在大数据方面的成就和号召力，同时也向众多 IT 巨头发出了 2017 数博会的诚挚邀请。

2018 数博会设置 72 块大型户外公益广告牌，设置灯杆道旗约 5500 面。在出租车车载 LED 屏滚动播放数博会宣传口号，在楼宇视频终端滚动播放宣传标语。值得注意的是，2018 年，贵阳市 14 块户外 LED 屏同步直播数博会开幕式。数博会宣传短片在纽约时代广场纳斯达克大屏上播放。领英、推特、Facebook 等海外社交媒体推送 2018 数博会相关信息 100 余次，实现了宣传贵州、宣传数博会全覆盖。

新闻链接2018

习近平主席致2018数博会贺信引发热议，字字珠玑注入强大动力

5月26日，2018中国国际大数据产业博览会在贵阳开幕。开幕式上，国家主席习近平致大会的贺信在中外与会嘉宾、互联网企业家、我省社会各界中引发强烈反响。

习近平主席的贺信句句精辟、字字珠玑。大家谈感受、话发展，纷纷表示，贺信是习近平网络强国战略思想的具体体现，为推动信息技术的发展和应用，应对互联网信息安全和治理，全面实施国家大数据战略，提供了中国智慧、中国实践和中国方案。大家一致认为，贺信为贵州坚定不移推进大数据战略行动指明了前进方向，注入了强大动力。贵州干部群众将牢记嘱托，感恩奋进，牢牢把握大数据发展先发优势，努力实现全省经济后发赶超。

（来源：政前方）

新闻链接

广大市民对2018数博会的成功举办感到十分骄傲和自豪，对大数据给贵州贵阳带来的变化满屏点赞，对大数据的体验感、获得感更多更实。人们不仅把数博会作为茶余饭后热议的话题，更是自发当起了宣传者、服务者，仅四天，数博会的讯息刷爆了"朋友圈"。老百姓纷纷发出"厉害了我的国、厉害了我的城"、"我爱我的国、我爱我的贵州"、"骄傲的大贵阳"等感叹。

网媒记者有话说

光明网记者李政葳：如今大数据与人们生活的衣食住行关联越来越紧密，对人们的生活影响也越来越大。今年数博会，给我感触很深的是，大数据产业的落地项目越来越多，比如大数据扶贫、版权大数据等，大数据产业逐渐成为利民惠民的重要手段，也成为各地经济发展转型升级的助推器。大数据时代，期待更多数据资源的公开、共享，让更多数据产业服务民生、服务社会，厉害了我的国。

海外网记者李连环：数博会期间，在贵州的采访，让我切身体会了贵州全力发展大数据产业的决心，无论是在基础设施建设、政务信息公开，还是扶贫攻坚战方面，都走出了一条"大数据+"的融合聚通之路，成功打造成大数据产业的样板间，实现后发赶超，厉害了贵州。

国际在线记者杨丽芳：当前互联网、大数据各项信息技术日新月异，给世界各地带来重大影响，数据已成为当下最炙手可热的资源，也让我们意识到掌握好大数据就是掌握宝贵财富，占据发展先机。现在贵州的大数据产业正发展得风生水起，这几天我们也感受到了大数据给社会管理、个人生活等方面带来的便捷，我也将如实记录下这些具有历史意义的时刻，将大数据时代贵州的新面貌传播出去。

（来源：贵阳网2018年5月31日）

新闻链接2018

　　"凡益之道，与时偕行"。四年来，数博会格调越来越高，从国内走向国际，成为贵州的一张亮丽名片、国际大数据产业交流合作的重要平台。立足贵州、面向世界，数博会朝着不平凡历程迈进，推动全球大数据共同发展。发展、合作、共赢没有终点，只有一个接一个的新起点。顺应时代潮流，把握正确方向，探寻大数据发展新未来，为建设"数字中国"作出贡献，为全球大数据发展贡献中国智慧、提供中国方案。借力数博会按下发展"快进键"。

（来源：贵州日报2018年05月23日）

新闻链接2018

世界聚焦贵阳数博会 贵州成吸引大数据企业"磁石"

中国国家主席习近平重申中国成为技术强国的决心，并且呼吁在大数据领域开展全球合作。

据香港亚洲时报网站5月28日报道，中国西南的贵州省省会贵阳市举办第四届国际大数据产业博览会（以下简称"数博会"），习近平在致此次数博会的贺信中敦促这个全球第二大经济体继续快速发展大数据。

"当前，以互联网、大数据、人工智能为代表的新一代信息技术日新月异，给各国经济社会发展、国家管理、社会治理、人民生活带来重大而深远的影响。"

"把握好大数据发展的重要机遇，促进大数据产业健康发展，处理好数据安全、网络空间治理等方面的挑战，需要各国加强交流互鉴、深化沟通合作。"

报道称，由中国国家发展和改革委员会、工业和信息化部和国家网信办联合主办的本届数博会的参加者和参展商数量创下历史新高——共有来自20多个国家和地区的388家企业和近50000人参加了此次大会。这一数字是2017年数博会出席人数的3倍。

从5月26日至29日，这个为期四天的活动吸引了来自世界各地的精英行业领袖，包括30位顶尖学者和来自全球500强企业的高管，以及400家参展商和媒体组织——各界人士在"数化万物·智在融合"的主题下汇聚一堂。

报道称，这个国家级博览会已经发展成为全球大数据发展的一个重要标杆，同时也成为行业中全球化程度最高和最具权威度的平台。

这令其成为一些最知名的科技业商界领袖的必至之地，例如阿里巴巴集团的马云、腾讯公司的马化腾和百度公司的李彦宏。微软、英特尔、戴尔、甲骨文、思爱普和特斯拉等行业巨头的高管也出席了本届数博会。

报道称，此次数博会的亮点包括：2018年人工智能全球大赛的总决赛将在这里举行；包括人工智能助手在内的51项领先科技成果和百家大数据优秀案例将在这里揭晓；5G技术及其应用将获展示；此外，超过1000项最新产品、技术和解决方案也将首次亮相。

被称为中国"天眼"的500米口径球面射电望远镜的超级计算能力也将在这次博览会上首次进行展示。

2017年，有报道称中国科学家宣布发现了两颗新的脉冲星，这是这台全球最大的射电望远镜首个获证实的发现成果。

报道称，本届数博会计划举行8场高级别对话和56场论坛，此外还有由美国、英国和意大利组织的一系列分论坛和活动。脸书、超威半导体公司（AMD）、腾讯、阿里巴巴和意法半导体有限公司的高管将在会上致辞。

高科技展示包括会跳舞和制作精品咖啡的机器人、智能无人机、独特的虚拟现实体验以及智能交通平台等。

报道称，贵州凭借超过1100亿元人民币的产业规模已经成为一块吸引大型数据初创企业的"磁石"。

此外，为了培养高科技人才，当地政府还建设了由多所地方大学和大数据企业组成的花溪大学城。

（来源：香港亚洲时报网站　2018年5月28日）

实现省市县三级政府数据统一集聚和开放共享

贵州：大数据助推治理创新

受超强厄尔尼诺现象影响，2016年贵州降雨强度大、城镇内涝严重，但人员伤亡较多年平均数却减少八成，防洪减灾效益达72.3亿元。原因何在？水利大数据功不可没。依靠"水利云"洪水大数据的预测，贵州灾害预警从过去20分钟提早到24小时以上。

作为全国首个大数据综合试验区，3年多来，贵州省委省政府把大数据作为后发赶超的路径选择，集聚共享数据，重在应用数据，率先在政务服务、社会治理等领域掀起一场技术换代、理念更新的深刻变革。

"水利云"预测所需的信息从哪里来？来自气象、国土等有关部门的数据共享。为打破部门信息壁垒，2014年"云上贵州"系统平台上线，重点打造交通、环保、食药、工业、电子政府、旅游、电商7朵云，要求政府数据上云。到去年底，7朵云已拓展到"7+N"朵云，"云上贵州"数据共享平台也正式运行。贵州在国内率先把法人、人口、空间地理、宏观经济四大基础数据库数据汇入共享平台，实现省市县三级政府数据统一集聚和开放共享。

大数据共享开放，使政府治理行为更加"可视化"，管住权力不任性。在贵阳，交警查处酒驾全程直播，驾驶员吹气数据实时上传，不可更改。贵州交警通过搭建制度与数据监管同步设计、同步推进的"数据铁笼"，对民警执法办案全程实时监督、电子留痕。两年来依靠"数据铁笼"产生的2500余条预警线索，贵州省市县三级交警部门对"买分卖分""汽车违规入户"等予以精准打击，严肃追究64名涉案人员行政、刑事责任。

数据留痕，不只促进公权力在阳光下运行，还为公共事务管理提供"智慧支持"。贵州在全国率先建成公共资源交易互联互通服务平台，通过数据对比，发现深圳两家公司近5年在贵州分别参与投标277次和264次，但一次都未中标，由此排查出企业在贵州只是空壳，专门利用自身资质进行陪标。

大数据的集聚共享，让决策、办事更科学高效。贵州省高院采集全省历史案件数据，形成案件大数据，梳理出影响同类案件判决结果的要素，还可自动生成判决文书，法官只需根据案情实际修改；同时为当事人提供案件预判信息，引导审判预期。

大数据的开发利用，让民生服务更加便捷。今年2月，贵阳市"筑民生"平台正式上线，市民足不出户，拿起手机动动手指，便可享受交通出行、医疗保健、户籍证照等6大类近百项便民服务。贵州涉及民生服务网上实际办理率已由2014年的不足1%提升到目前的30%。

（来源：人民日报　2017年5月29日）

新闻链接2017

China International Big Data Industry Expo 2017
highlighted on giant display screens overlooking New York's Times Square

China International Big Data Industry Expo 2017 (Big Data Expo), a conference and exhibition focused on the role of big data in the digital economy, launched an eight-week video campaign that started on May 1, 2017, promoting the event on 12 of the huge display screens atop New York's Times Square, one of the world's business intersections. The video is scheduled to run 4,320 times during the campaign highlighting China's increasingly important role in the global economy. The campaign comes on the heels of the well-attended flash mob event that took place in the square during the Spring Festival Gala, a series of events hosted jointly by various New-York based Chinese organizations celebrating the Year of the Rooster.

The Big Data Expo, a highly anticipated event, is scheduled to be held in Guiyang, the capital of Guizhou province, from the 26th to the 29th of this month.

Guizhou, in western China, is one of China's most beautiful yet impoverished provinces. The Big Data Expo, along with the simultaneous roll out by Guiyang's city government of a new policy advocating and promoting the sharing of and openness around government data, is not only expected to reset the image that comes to mind when thinking of the province, but also to highlight the efforts of behalf of the Guiyang's government to embrace the new model of openness and sharing that has become dominant since the arrival of the internet, as well as to implement a supply-side economic reform that relies on big data as the engine.

For the relatively closed western part of China, leveraging the latest advances in technology to not only catch up but to leapfrog ahead other regions in terms of economic development is a necessary component for the sustainability of the Chinese government's One Belt, One Road initiative, the program to strengthen economic ties with the countries across the Eurasian landmass, but also represents a core pivot to meaningfully improve the lives of ordinary people.

The Big Data Expo represents a sincere invitation that the city of Guiyang and the province of Guizhou extends to the world and a bold attempt on the part of Guiyang's municipal government and other local government organizations across China to adhere to a new model of sharing and openness as well as of innovation and entrepreneurship.

(Source: PR Newswire US, 05/15/2017)

新闻链接2016

领军企业抢先抢滩　积聚创客创新创业
贵州大数据筑巢引凤赢先机

"我们为什么来贵州？你们懂！"这是一位外省来的"数据创客"对贵州省经信委主任马宁宇说的心里话。何为"懂"？马宁宇解释，2014年贵州开始做大数据，比国内其他地区"抢跑"了两年。从一知半解的"门外汉"，到各种发展要素越来越全，贵州正变为国内外大数据领域内从业者的"实验田"。2015年，因为大数据，贵州已经成为全国大学生流入地，排全国第七。"无论是业内专家、还是草根创客，贵州大数据的'朋友圈'越来越大。"

做大数据，贵州在后发赶超的进程中"弯道取直"。清爽的空气、充足的能源、稳定的地质结构、西南陆路交通枢纽……先天优势赋予了贵州建设大型绿色数据中心、打通发展"隧道"的坚实基础。

发展大数据，首先要有数据。数据从哪里来？对内，贵州建成全省数据统一存储共享平台"云上贵州"，目前该系统汇聚政务信息5万G数据量，日均数据调用量10亿次；对外，数据招商，教育部、工信部、公安部、科大讯飞等数十家单位或企业明确数据资源存储贵州。数据放在哪里？贵州以中国电信、中国移动、中国联通三大通信运营商和富士康、华为贵安新区数据中心基地为核心，汇聚一批国际级、国家级、行业级数据中心。目前，仅三大运营商一期建成投运的标准数据存储服务器承载能力就达16万台。

存储大数据，关键要能应用。这两年，贵州不仅通过立法推动开放共享政府有关数据资源，还提供最能容许试错、包容失败的"实验田"环境。抢跑虽不代表领先，但是贵州大数据实验的成果斐然：阿里巴巴、京东、腾讯、浪潮、高通、惠普、思科、IBM、微软等大数据领军企业落户贵州，服务器芯片、智能手机、可穿戴设备和数据清洗、挖掘、交易等各种新技术、新产品、新业态甚至商业新模式在这里诞生。最新统计显示，大数据带动贵州新增从业人员4万人，全行业达到16万人。

借力大数据，激发创客力量。国内外参赛团队13000个、人数4万，2016年，"云上贵州"大数据商业模式大赛的火爆，超出贵州省大数据办主任康克岩的想象。"举办大赛，既是想传播普及大数据知识，更想吸引人才挖掘应用项目。"2014年首届大赛实现94个优质项目落地，其中一些已成长为具有全球影响力的大数据企业。

今年2月，国家发改委、工信部、中央网信办三部门批复同意贵州建设全国首个国家级大数据综合试验区，贵州从"实验田"变身"试验区"。5月25日到29日，中国大数据产业峰会暨中国电子商务创新发展峰会将在贵阳召开，"数博会"原本由贵阳市一级举办，今年升格为国家级。今年一季度，在贵阳、遵义、贵安等重点地区带动下，全省大数据产业规模总量同比增长34.8%，拉动全省规模以上工业增加值增长0.8个百分点。

脚踏实地的贵州，正在用事实证明："发展大数据，确实有道理。"

（来源：《人民日报》2016年05月24日）

新闻链接2016

Guiyang makes major push to promote big data industry

New policies, boost in infrastructure and Wi-Fi project among iniatives.

Guiyang has taken a number of measures to develop its big data industry in recent years, local officials said.

The city's new efforts aim to grasp growth opportunities in the industry that has developed rapidly both at home and abroad and is showing great future potential.

According to a report by the consultancy firm China Industry Research, the global big data industry will generate a revenue of $23.8 billion this year, growing 31.7 percent from a year ago. Estimated annual growth in China in the coming years will be more than 60 percent, with total revenue reaching 46.29 billion yuan ($7.13 billion) in 2019.

The big data industry has been designated as one of the three strategic sectors in the 13th Five-Year Plan (2016-20) in Southwest China's Guizhou province.

The provincial capital of Guiyang hopes to pilot the development by releasing preferential policies and enhancing the construction of infrastructure facilities.

The city has issued policy documents and a strategy to boost the industry. It has also conducted research and issued a report on big data development that examines and forecasts trends in the industry, its influence on the economy and new services.

Guiyang has also boosted infrastructure construction and spent 3.14 billion yuan ($484 million) on information infrastructure in 2015.

It is also working to provide free citywide Wi-Fi. The project's first phase was completed in May 2015 to allow free Wi-Fi on the city's major roads and main public areas, covering an area of 12.8 square kilometers. It is slated to be finished by the end of 2017.

Guiyang makes major push to promote big data industry

Guiyang aims to host several international and national data centers. Renowned international companies like Hewlett-Packard have launched their data centers in the city.

The city is also giving strong support to industries related to big data. It boosted rural and cross-border e-commerce and has developed new business, such as e-commerce big data analysis.

E-commerce giant JD.com finished its first-phase construction of an e-commerce industrial park, which is also a modern logistics center, in Guiyang last year. The first-phase project became operational on Dec 8.

Total investment in the park is about 1 billion yuan and the second-phase construction is slated for completion this year. More than 1,300 big data and related companies set up shop in the city last year, taking the current total in the city to more than 5,000.

......

The city government said Guiyang will attract more than 100 big data projects this year and foster one or two leading big data companies which are nationally influential.

songmengxing@chinadaily.com.cn

数字革命潮起贵阳

计算机、互联网的出现，将人类带入数字化时代，与工业革命、电力革命相比，数字化革命引发的爆炸力更强：它把社会发展带入指数级增长，工业与电力革命恰似"棋盘的第一半"，曾经幂指数的斜率曲线在摩尔定律面前又显得如此渺小，人类已经走到了"棋盘的另一半"。

置身浩浩荡荡的发展大势之中，贵阳抢抓大数据产业发展的历史契机，数字革命潮起贵阳。

客观分析，数字革命的种子，早在2013年9月8日中关村"牵手"贵阳时就已经种下。

京筑合作以来，贵阳在大数据和新一代信息技术方面"后发先行"，形成"总部在北京、基地在贵阳"的互动发展格局，京东电商、宽带资本、北京讯鸟等一批知名企业和项目落户，中关村贵阳科技园成为贵阳大数据产业发展的统筹平台。

数字革命的种子，之所以能在贵阳生根发芽，源于地方政府出台的一系列政策支持。2014年初，贵州、贵阳分别制定出台《关于加快大数据产业发展应用若干政策的意见》、《贵州省大数据产业发展应用规划纲要（2014—2020年）》、《贵阳大数据产业行动计划》，对大数据产业进行顶层设计。其中，《意见》明确，从2014年起连续3年，贵州省和贵阳市、贵安新区每年各安排不少于1亿元资金，支持大数据产业发展及应用。

数字革命的种子，能在贵阳生根发芽，还源于大数据基础设施建设的支撑。2014年，贵阳市依托三大通信运营企业，实施22个宽带网络基础设施项目，全市互联网出省带宽从2013年的450G增加到目前的1500G。贵阳云计算中心、贵州国际金贸云基地数据中心、贵阳翔明IDC数据中心、贵阳讯鸟云计算中心、经开区中小企业云计算服务基地等大数据中心的服务器规模已经超过2万台。目前，贵阳市还正在建设"全城WIFI项目"，预计一期今年5月即可投入运营。

中关村贵阳科技园、政策、基础设施……就些就好比阳光、空气和水，为数字革命种子在贵阳提供了生根发芽、开花结果的光合作用。

2014年4月，被誉为数据行业"两会"的中国数据中心产业发展大会公布《关于表彰2013—2014年度数据中心优秀单位的通知》，贵阳在"最适合投资数据中心的城市"评选中居榜首。

而在潜移默化中，贵阳产业发展格局已发生明显变化，数字革命正在贵阳开花结果——

在过去的一年当中，阿里巴巴、微软、华为、戴尔、惠普、博科、京东等企业以众包的方式，在贵阳市共同参与搭建大数据技术公共测试和实验平台，政府引进大数据项目累计达150多个，投资总额超过1400亿元人民币，贵阳市大数据产业规模达到600亿元人民币以上。预计到2017年，贵阳市还将建成全球首个"块数据"公共平台，大数据产业总量规模突破2000亿元。

人类社会正从IT时代迈向DT时代。硅谷是IT时代高科技技术创新的开创者，数谷是DT时代大数据发展的领跑者。贵阳无疑站到了这个时代的风口上，近日贵阳发布的块数据理论成为驱动中国数谷崛起的真正推手。在不到一年的时间里，正在崛起的"中国数谷"贵阳奇迹般地创造出五个"中国第一"，即中国首个大数据战略重点实验室、中国首个全域公共免费WIFI城市、中国首个块上集聚的大数据公共平台、中国首个政府数据开放示范城市和中国首个大数据交易所。2月12日工信部批准贵阳、贵安共同创建国家级大数据产业发展集聚区，标志着"中国数谷"在贵阳正式落户。

乐观贵阳成大势，风物更宜放眼量。

2015年5月26日至29日，2015贵阳国际大数据产业博览会暨全球大数据时代贵阳峰会将在贵阳举行，阿里巴巴、微软、戴尔、华为、联想等几百家国内外知名企业齐聚一堂，在贵阳"问道"数据革命。

这是一个追求变革的时代。谁能抓住机遇完成艰难一跃，谁就将立于潮头阔步前行。数谷贵阳，正以敢为人先的精神和态度，勇立数字革命的潮头，阔步前行。

（来源：《中国大数据产业观察网》2015年4月23日）

第四章　数博成就

　　贵州是国内最早发展大数据的地区之一，几乎与广东、京津地区处于同维度上，属于大数据发展"第一阵营"序列，较国内大部分地区提前了近两年的时间。4 年多的实践，有力地证实了贵州以"无中生有"的决心发展大数据，靠着"弯道取直"实现后发赶超，获得跨越式发展的机会。据了解，截至目前，贵州集聚大数据相关企业 4000 多家。除了苹果、高通、华为、百度、阿里、腾讯等一批国内外知名企业落户贵州外，货车帮、朗玛等一批本土企业迅速成长为行业标杆企业。在贵州·中国南方数据中心示范基地，13 家大型数据中心建成运行，存储 9 个国家部委数据资源，富士康、腾讯、华为、苹果等公司在此建立数据中心，电信、移动、联通数据中心一期建成使用，还有一批大型数据中心在建。贵州正以大数据为引领，优化产业结构并推动传统产业转型升级，提升政府治理能力，改善社会民生服务环境。目前，贵州大数据产业已覆盖政用、民用、商用、基础设施等多个领域。

　　随着大数据各项建设的推进，贵州印象不断被刷新。央视评论员王石川说："当前，人们一提起贵州，除了想到茅台酒、黄果树、老干妈，还有大数据这张当仁不让的新的亮丽名片。如今贵州正在深入推进大扶贫、大数据、大生态三大战略行动。大数据引领，大扶贫兜底，假以时日，必能开创百姓富、生态美的多彩贵州新未来。除此之外，世人也许会受到另一个深刻启发，即在大数据、云计算、互联网所代表的新一代互联网发展趋势的背景下，所有的国家和地区只要经过自己的努力，都可以站在同一条起跑线上，落后的地方甚至可以抢占先机。"

第一节　数化政务

❖ **贵阳市交通出行分析大数据应用系统**

"贵阳市交通出行分析大数据应用系统"定位为以运营商手机信令为基础的多元数据融合分析的交通大数据应用系统。服务内容包括数据采集服务、数据分析服务、数据资源服务、数据可视化服务四部分。系统功能包括贵阳市交通情况总览、贵阳市人口分布情况分析、公共场所来往情况分析、贵阳市内迁徙分析、贵阳市交通出行情况分析、城市联系分析共6大模块，36项分析指标。

项目分为三个阶段，服务期为2018年至2020年。第一阶段（2018年）通过运营商手机信令大数据，掌握贵阳市人群分布、人口密度、重点区域人流及道路情况、各区县交通联系状况等，通过制定指标的分析结果，为市交委关注的工作重点提供参考；第二阶段（2019年）融合市交委下属部门（企业）提供的道路、车辆等数据以及贵阳市其他部门（如交管局、规划局、气象局等）的数据共享资

源，进行重点工作的自流程化分析、结果推送及预警（预测），设计构建交通出行指数及交通综合指数，对各区县进行工作评价；第三阶段（2020年）以5G、物联网、人工智能等新技术，构建贵阳市智慧交通平台。

该场景首次引入高校（与西南交通大学建立战略合作关系）资源，对后续类似项目的建设有一定的指导和借鉴意义；在旅游大数据应用之外，又一次实现大数据对外应用方面的突破，对大数据行业对外推广具有示范性效果；借助联通基站采集的信息，通过对用户位置的分析，能够反映一段时间里贵阳市人口迁徙、交通出行、热门路线、道路拥堵等情况，为市政管理部门提供决策支撑和理论依据。

❖　失信联合惩戒云平台

根据贵阳市"一笼、一库、一网、一平台、N应用"的社会信用体系顶层设计的整体规划，运用"数据铁笼"建设的方法论，建设失信联合惩戒云平台，将省高院的失信被执行人数据自动推送并嵌入部门业务办理流程中，各部门在业务办理过程中由系统自动实施与接收到的失信被执行人数据比对，若比对成功，系统会根据措施规则对前来办理业务的法人或自然人实施自动惩戒，即限制其办理某项业务，各部门的业务系统在自动实施的过程中全程留痕，过程记录自动反馈到云平台上，云平台对反馈过程记录进行分析，自动监督各部门是否有效地使用失信被执行人数据，是否严格按照措施规则依法履职。

失信联合惩戒云平台是大数据＋政府治理的典型应用，通过建立失信联合惩戒机制，将各政府部门联合起来辅助某一部门解决其在行业管理、社会治理、业务办理过程中的痛点和难点。如法院、工商局、税务局、安监局、食药监等部门都建立了黑名单制度，可以通过联合其他部门对"黑名单"进行惩戒，通过限制其经济活动和生活行为，让其感受到违法、违规所要付出的代价，从而不敢违，有效遏制不诚信现象的滋生。社会信用体系的建立，部门间相互联合，可以大大提高政府治理的效率，有效解决政府治理的痛点和难点。同时通过部门联合，部门间数据相互依赖、互联互通，基于此可建立信用数据标准规范，整合政务部门信用数据，有效地促进征信产业的发展。

失信联合惩戒云平台与社会信用平台打通，未来除联合惩戒的"黑名单""灰名单"以外，将继续开发守信激励、创业创新激励的"红名单"，信用社会化服务，金融信用服务等功能，切实推进贵阳"1＋N平台"战略，落实大数据产业生态的远景规划。

失信被执行人联合惩戒云平台

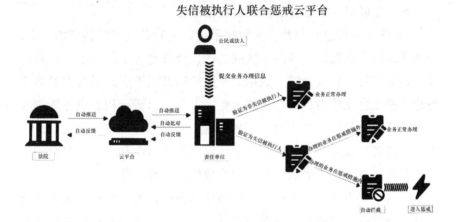

❖ 贵阳市国有企业大数据监管平台

该平台开发属于PAAS/SAAS服务平台开发。开发主要是大数据在国资国企监管领域的应用。平台共12个基本模块：企业定位与发展规划、权限阈值监管及流程监管、企业经营分析、法人治理结构及内外监控、企业关联、合作方资格与征信调查、招标投标中标监管、投资项目合资合作审批与可行性分析、企业在线监控预测预警预报、国企风险监控、企业共享、平台使用设置；下面有二级、三级模块；平台共有250多个子模块。

平台可实现大数据精细洞察企业、大数据驱动优化决策、大数据实现精准监管，达到提高监管"三性"（系统性、有效性、针对性）、控制风险、推进以管资本为主的职能转变的目标。达到提高国有资本运营效率，防止国资流失失误，清晰国资管理的边界与关系，提高企业核心竞争力，提高资源配置效率，完善法人治理结构的目的。

贵阳市国有企业大数据监管平台上线运行以来，国务院国资委信息中心、北京市国资委、天津市国资委、昆明市国资委、内蒙古国资委等多家单位先后前来贵阳，调研学习贵阳市国有企业大数据监管平台，省内外多家国资监管部门正在与基石公司协商合作事宜，有的已达成合作意向，是可借鉴、可复制、可推广的国资监管新模式。

❖　**互联网＋智慧食药监管大数据平台**

"互联网＋智慧食药监管大数据平台"实行共建共治共享的理念，向监管部门内部提供对四品一械的生产、经营监管主体对象的行政许可、日常监管、行政处罚、数据分析决策以及权力实施过程中的监督与约束的信息化能力；对外连接企业、大众、科研机构、媒体数据实现互联互通，形成社会共治的信息平台，同时为各类主体提供信息服务，是监管与服务的有机结合，是全新的监管理念和模式，符合国家监管要求，解决监管痛点，提升监管效能，实现智慧监管。

场景所带来的经营许可系统提供基础数据，为日常监管提供企业基础信息支撑，向政府监管部门提供食品追溯、安全数据以及快速检测、监督抽检数据，帮助决策、预测预警，创新区域食品与安全管理模式，助力区域性食品企业发展；企业通过监管系统企业端落实索证索票信息，建立具有公信力的食品平台形象，增强自身竞争能力；通过查询终端和手机 APP，让公众进行参与式体验，加入基于大数据的食品安全云平台信息技术平台，为消费者提供投诉、参与渠道，建立消费者信任机制。

下阶段工作将按照贵阳市食品药品监督管理局互联网＋智慧食药监管大数据平台建设总体设计思路，以及机器助人、机器换人的理念，主要围绕健全监管功能，提高监管效能，增加监管技术手段进行建设。

❖　**瑞普政法大数据办案平台**

瑞普政法大数据办案平台是贵州瑞普科技在全国司法体制改革的

大背景下，运用大数据、人工智能、区块链等手段，体系化地解决公、检、法、司执法业务协同、政法数据共享、业务活动全流程监督等痛点问题。通过"数链证通"项目的落地，打通公检法案件数据，打造政法大数据办案平台。

通过瑞普政法大数据办案平台项目的建设，实现政法各部门间执法办案信息收集、融合、共享、研判、执法监督等功能，实现对与政法相关的各种信息资源的全面采集、汇总。利用大数据技术，通过对现有法律法规的分析解构，形成证据标准指引类型，将当前政法部门间各个分散与独立业务网络系统、资源集中整合后进行智能分析、智能比对，形成安全完整的信息链路。从双向、多维等不同角度进行主动分析，从而最大限度地挖掘政法数据信息的价值，有助于维护社会秩序的稳定，提升政法工作智能化、规范化水平。

随着政法信息化工作的逐步深入发展，如何实现政法内部各个部门业务系统的信息一体化整合，打通政法工作信息流通渠道，实现政法工作的高效联动，已成为政法系统信息化工作的重要内容。以云计算、大数据体系建设为基本着眼点，结合政法工作的实际情况，统筹全局，夯实基础，完善应用，建立规范的政法系统互联互通信息体系。

瑞普政法大数据办案平台建设，可以加强各政法部门之间的联系，引领推动政法各项工作，实现案件在安全框架下各部门间的主动流转，切实提升工作能力水平，提升办公效率，适应当前社会的发展现状。瑞普政法大数据办案平台建设对于政法系统创新社会治理模式，实现政法工作"提质升级"具有重大的战略意义。

❖ **服刑人员资金管理及监狱监管一体化平台**

服刑人员个人资金及消费管理系统是根据中国司法行政信息化要求，以监狱整体信息平台为基础，通过数据专线与银行系统连接，为保障服刑人员的资金安全和规范化管理所研发的高科技产品。系统将原来由监狱集中代管的服刑人员个人资金转变为银行的金融化管理，通过系统固化的资金管理流程，运用先进的资金管理理念结合自身管理要求，构建完善的业务体系。该业务体系实现了资金管理工作的规范化，提高监管人员的工作效率，同时避免流程漏洞及资金流转所带来的资金安全风险。

服刑人员资金管理及监狱监管一体化平台有两个建设组成部分：第一，将各地方司法金融数据上报至省级平台，达到监管工作的快速、高效，根据与各级司法部门的沟通、调研，开发监管平台对数据进行中心化处理。第二，使用多功能终端机搭建特定场所的购物消费及资金管理平台，可实现特殊环境的内网采购及资金监管，可以统一或分部播放监狱或其他司法渠道的通知公告以及有声图像宣传教育视频。

❖ 贵州电子商务大数据服务平台

近年来，互联网信息技术应用、创新风起云涌，再加上中国"互联网＋"战略的深度实施，推动了一大批新型商业模式和新兴业态的繁荣。在这一大潮流下，电子商务作为一种新型平台经济，传统企业纷纷转型发展电子商务，电子商务也与传统产业不断融合，掀起了一浪高过一浪的发展新高潮。

贵州电子商务大数据服务平台是贵州电子商务云在省商务厅的指导下集数据填报、数据抓取、统计监测于一体的电子商务大数据权威平台。通过云服务器实现数据采集、挖掘和分析，发布贵州省电子商务发展相关数据，监测全省电子商务发展动态。

电子商务大数据服务平台分为三个建设板块。一是电子商务数据采集，包括贵州电子商务信息填报系统、数据爬取技术、数据采集点方案。二是数据挖掘与分析，根据采集到的数据，对数据进行整合、去重、清洗，并结合贵州经济运行情况，对贵州整个电子商务发展进行分析，挖掘新的信息，实现从条数据到块数据的转变。三是数据可视化系统，对数据分析后的结果进行直观展示，包括多维度分析展示、数据大屏展示（含贵州电商交易规模、行业结构、监测过程等）、数据分析报告等。

目前，电子商务大数据服务平台为贵州省商务厅提供全省网络零售数据作为全省增比进位的考核数据，还提供电子商务交易额、电子商务体系建设及电子商务发展指数等相关数据，可为促进贵州省电子商务健康发展提供精准的数据服务，对助推贵州电子商务相关产业供给侧结构性改革具有重大意义。

第二节　数融民生

❖　"贵途花溪"全域智慧旅游 DT 云平台

所谓"全域旅游 DT 云生态系统"，是指以《国务院办公厅关于促进全域旅游发展的指导意见》及国家旅游局全域旅游发展工作导则等文件精神为指针，以推动当地旅游产业发展为目标，以"大数据"和"云计算"为主要技术支撑，以"全域旅游大数据云"为核心统领，把旅游产业链上的各种用户、各类平台、各种营销活动整合起来，改变分散实施、整合乏力的现状，形成"大数据 + 旅游"共融互促、完整应用的生态体系。

　　该场景应用主体包括政府（旅游行政主管部门）——公共服务、整合营销、行业监管、数据分析；企业（旅游企业/服务机构）——企业宣传、在线营销、智慧服务；游客（旅游消费终端用户）——行前信息查询、行中全程服务、行后交流分享，实现"政府""企业"和"游客"之间的有效联动。

　　通过该场景建设，以 DT 云平台为核心，有利于把服务旅游产业的各种平台应用、各种解决方案、各种运营服务，集中统一到一个有机融合的生态中来，从更深层次上实现优势互补、资源共享、共融互促，真正形成"连接政企人""打通上下游""服务全产业"的超级生态系统，产生强大的整体合力和倍增效应。

❖　**好停车 APP**

　　随着社会经济的发展，城市化进程加速，人口迅速向城市迁移聚集。所谓的智能停车系统是指将先进的信息技术、电子通信技术、自动控制技术、计算机技术以及网络技术等有机地运用于整个城市停车管理体系而建立起来的一种实时、准确、高效的城市停车综合管理和控制系统。它是由若干子系统组成的，通过系统集成将城市道路和车

辆有机地结合在一起，加强二者之间的联系。借助于系统的智能技术将道路状况进行登记、收集、分析，并通过远程通信和信息技术，将这些信息实时提供给需要的人们，以增强停车安全，减少停车时间。

好停车 APP 软件利用传感器技术，获取停车位的实时数据，从而构建一个线上线下结合的停车生态系统，解决现今停车难的问题。本系统可以帮助用户更方便地查找车位，了解目的地停车情况；方便用户停车缴费，最终打造一个实时、共享、全城域的停车信息平台。

❖　放大镜学堂

古往今来，学生对于教育的需求无非两个：一是能够平等地获取优质的教育资源；二是所学的知识能应用到实际工作生活中。在教育变革的五个阶段中，我们的教育从"传统教育"到"数字化教育"再到"互联网＋教育"，直至今日比较流行的"移动教育"都无法解决个性化学习和"因材施教"，优化学习时间的问题，在未来"智能教育"一定是教育发展的重要方向和趋势。因为"智能教育"能够真正解决个性化学习和优化学习时间的问题。

场景依托澳门大学博士团队作为产品机器学习、语义分析和推荐算法核心技术研发中心，以贵州建设职业技术学院为产品实践中心，结合自身技术团队共同打造。将人工智能技术用于学习路径推介，将教学机构、老师、学生和家长有机地结合起来，让学习更轻松，解决个性化学习和优化学习时间的问题。不是做在线教育或所谓的智能教育，而是试图通过科技的力量，还原教育本身，回归教育本来应该有的样子，让常年被种种因素埋没了的教育规律和只被少数人掌握的优质教育资源及教育技巧，在科技的力量下得以重生和普及。

"放大镜学堂"在 2018 年底预计将拥有"10 万＋"的用户量，产生经营收入约 200 万元，预计到 2020 年将覆盖贵州省 70% 的初高中，拥有用户近百万人并开发高职本科版本，覆盖贵州省 80% 的高职本科院校，拥有用户近百万人。

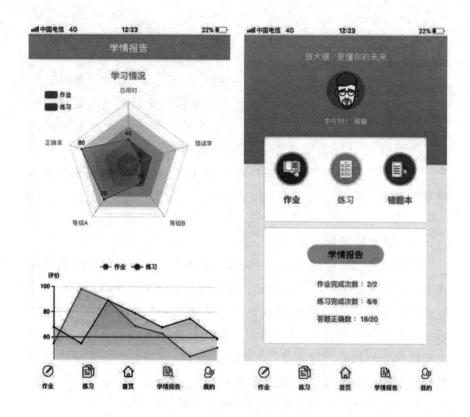

❖　**清镇市智慧教育大数据云平台项目**

　　清镇市位于贵阳市西南部，总面积 1383 平方公里，辖 9 个乡镇 7 个社区，共 181 个行政村 38 个居委会，有常住人口 51 万。目前全市共有学校（园）268 所，在校学生 92599 人，教职工 6605 人。长期以来，清镇市委、市政府高度重视教育，以"实现教育现代化，打造清镇教育发展升级版，把教育办成清镇人民的骄傲"为目标，全力实施"教育立市"战略。

　　清镇市智慧教育大数据云平台项目是以"互联网＋"的思维模式，结合人工智能、大数据、云计算等核心技术对教、学、考、评、管等教学场景实现了全覆盖，旨在以信息化手段、大数据技术推动清镇市教育事业的发展。场景应用服务主要包括资源管理服务、空间应用服务、网络教学系统服务、网络教研系统服务、教学管理系统服务、音视频自动检索服务、网络信息安全监控服务及教育大数据汇聚分析服务；主要以课堂教学应用为主，一站式解决备课、授课、作业等教学核心问题；"云＋端"一体化，构建教育资源生态系统；逐渐形成功能丰富、定制灵活、贴合实际的智慧校园管理平台，真正实现学校工作的过程化、精细化、人性化。

通过该场景建设，可以在传统的教学模式外，发展新的教学模式，为教师改进教学组织形式和教学方法，提升教学水平提供技术支撑；为学生开展自主性学习、协作性学习及探究性学习创造条件；为家长加强与学校、教师沟通，及时了解孩子学习、成长的情况提供多样的渠道；为教育管理者及时掌握各类信息，实现高效、科学的教育管理提供坚实保障。

第三节　数合商业

❖　**数谷 e 贷**

针对传统银行在小微业务上"很想做、不好做，成本高、难覆盖，风控难、不敢做"的痛点，贵阳银行携手 BBD 联手开发的"数谷 e 贷"产品于 2016 年 11 月 23 日在贵阳正式上线。经过一年多的不断发展，目前"数谷 e 贷"系列产品实现了不同业务场景下的 9 个子产品上线运营，包括支持诚信纳税小微企业及个体工商户的"税源e贷"，便捷、高抵押率的抵押贷款"超值e贷"，基于流水进行业务授信的"扫码e贷""烟草e贷"等信用类贷款业务。截至2017年底，"数谷e贷"累计授信2.73万笔，金额21.62亿元，为近3万小微客户提供了资金支持。

本项目通过大数据风控技术掌握中小企业的征信状况，解决能不能贷、能贷多少及随时贷、实时贷三个关键问题，有效解决广大小微企业客户的融资难问题，极大地降低小微企业融资成本，让小微企业能真正分享发展大数据金融所带来的便利，开启了贵阳银行小微企业贷款的"大数据时代"，助力银行以大数据为引领，着力提升风险控制能力、金融服务能力、营销能力、管理能力和资产应用能力，实现传统金融模式的自我革命，助力普惠金融、金融创新和中国经济转型升级。

❖ 智慧农业综合管控平台

智慧农业综合管控平台以农业全产业、过程智能化为特征，以全面感知、可靠传输和智能处理等物联网技术为支撑和手段，以自动化生产、最优化控制、智能化管理、系统化物流和电子化交易等为主要生产方式，以高产、高效、低耗、优质、生态和安全为目标的智慧农业发展理念，专注于研究农作物从育种、灌溉、深加工到销售的全产业链数据采集、清洗、挖掘和分析技术，实现基于农业大数据下的智慧农业整体解决方案。

目前项目已建设完成，处于运行阶段，由于农业具有季节性，数据收集需要时间的积累，项目运行良好，既有的数据模型能够有效指导施肥和灌溉。

❖　**中车贵阳车辆有限公司基于大数据分析处理的铁路货车检修生产应用与智能分析**

本项目通过对企业生产线的改造、条码技术的集成应用、数据的自动采集和分析处理、企业私有云和移动应用的开发、生产指挥中心的建立，提高了企业生产组织和经营管理水平；提高了生产制造自动化水平，减少了用工成本；合理组织生产，减少加班，提高生产效率；提高企业管理层基于大数据分析的经营决策管理水平，促进企业信息技术与工业生产的深度融合。

基于大数据分析处理的铁路货车检修生产应用与智能分析，实现了 ERP 和条码系统集成，应用条码扫描完成数据采集，自动追踪生产和质量情况；实现按工位配送，按节拍化生产；实现 BI 决策分析系统与各业务系统集成，自动采集各业务系统数据、智能分析并出具相关分析报表，呈现到电脑和手机等移动终端；建立企业私有云平台，运用云技术与大数据分析，不断完善企业移动办公、移动组织生产的信息化应用开发。

❖ **贵阳传化公路港大数据信息中心项目**

传化网致力于打造供应链服务平台，服务"长尾市场"，提升供应链的整体效率。传化网是服务于生产端、贯穿整个供应链长链的基础服务平台。其内涵是以智能信息系统和支付系统为核心，依托公路港城市物流中心，融合互联网物流业务与金融业务，为城市、城市群以及行业提供供应链凭条服务，打通供应链各环节，实现供应链端到端一单到底的业务场景，形成供应链闭环生态圈。传化网将基于人工智能深度学习和大数据计算能力，通过物联网、车联网以及各类智能硬件载体，围绕物流应用场景，为供应链上的各主体、为城市、为行业提供智能物流服务。本项目的大数据信息化公共服务平台是依托贵阳传化物流基地网络（有形市场），采用虚拟经营的物流资源整合策略，优化社会物流资源的配置。

面向物流业：在整合有形物流资源的同时，进一步提升物流服务能力的整合，为客户提供一体化信息服务和物流过程的全程服务。

面向供应商：货源信息发布；运输、仓储招投标；寻找物流合作伙伴；制定物流管理解决方案，并确定相应的绩效考核指标；虚拟库存管理；物流过程跟踪与查询等。

面向顾客：提供"一站式"的专业化服务，获得多样化的特色服务。保证供货速度的可获得性以及良好的服务品质，增加客户满意度。

面向政府：建立政府职能模块，体现政府对市场的监管和服务双重职能；提供公共信息化服务平台与电子政务系统的接口，如税务开票、电子执照、企业信用等。

❖　**公路货运互联网**

低效率、高耗能是国内公路物流的显著特征。从低效率来看，2016 年，我国社会物流总费用占 GDP 的比重约为 14.9%，是欧美发达国家的两倍。从高耗能来看，国内所有的物流园几乎处于信息孤岛状态，物流园直接信息互通非常低，车辆趴窝配货时间超过40%。

货车帮运用互联网大数据云计算等技术，建立可覆盖全国的公路物流信息平台，搭建中国货运车辆共享运力池，重构中国公路物流产业生态。通过以"货车帮货主APP + 货车帮司机APP以及货车帮PC版"为载体，改变过去传统物流线下找货、配货的方式，实现线上移动车货匹配功能，以信息流引导物流和资金朝着合理的方向运动，让社会资源得到最大限度的节约和合理运用。突破时间和空间的限制，为全国中长途干线货车司机与物流企业提供车货匹配服务。构建全国物流信息共享平台。提高公路物流行业运行效率，降低中国物流费用成本，减少能源损耗。

未来项目平台将继续完善平台车货匹配功能，继续建设完善机器学习模型，通过人工智能加强数据分析和智能化水平，进一步提升匹配效能和个性化能力。平台将继续扩大服务规模，持续为中长途货运提供新车销售、ETC业务、油品销售、保险、汽配维修、停车住宿等全面服务。通过加大服务的深度与广度，完成车后万亿市场全面渗透，更好地为全国3000万货车司机提供优质服务，实现经济和社会效益的双赢，助推贵州经济发展。

第四节　数贯基建

❖　天网工程

贵阳市高清视频监控平台（三期）项目，系贵阳市 10 件民生实事项目，总投资 4.87 亿元，建设内容包括 1 万台高清视频监控（其中包括 3000 台 will 相机、148 套高点、20 套枪球联动、5 套鹰眼），还包括社会资源整合平台建设、3 个机房建设、178 套服务器、59 套 4G——LTE 基站无线网络传输建设、340 套环筑安保圈卡口、150 套一体化机柜的升级改造，光纤铺设 4000 余公里。通过天网一、二、三期建设，贵阳市监控平台能即时调阅的食品监控达 10 万余路（其中各级政府出资建设 3 万余路，整合接入社会视频资源 6 万余路），全市基本上实现了党政首脑机关、医院、学校、银行、机场、车站、码头、公园、广场、景区、公共娱乐场所、人流密集区域、进出城卡口、城乡接合部等重点要害部位的视频全覆盖，广泛应用于综治、公安、城管、消防、市政、应急等政府职能部门。在社会治安防控、反恐维稳、预防和打击违法犯罪、社会管理、服务民生等方面发挥了重要作用。

贵阳市根据地理环境、治安形势特点及发案规律，采用科学布建的指导思想，因地制宜，灵活设置监控摄像头，采用固定监控与移动监控相结合，球机与枪机相结合，高点与卡口相结合，构建了重点监控部位前端智能化分析，全方位采集人、车、物等基础信息，建立立体式、多层次的防控体系。在此基础上，贵阳市抢抓大数据发展机遇，高一格、快一步，深化拓展视频数据业务的综合智能应用，结合各职能部门应用需求，精准研发，统一开展智能应用系统的升级建设，以业务应用为导向，提高了视频巡查、治安防控、侦查打击、安保维稳、交通管理、可视化应急调度指挥等业务应用能力，实现全市政府应急、综治、公安、交警、城管、生态、水务、市政等部门在日常工作与视频相关事务处理上的高效协调运行。

❖ 关键基础设施安全靶场

关键基础设施安全靶场按照国家典型关键基础设施的网络特点，构建虚实一体、以实为主的专业靶场，为常态化网络攻防对抗提供重要设施的安全靶场环境支撑；为检测现有关键基础设施网络环境安全底数，研究与验证专业网络安全对抗新技术等提供支持。

构建前沿真实、纵深复杂、弹性灵活、安全可控的实战攻防演练环境，除了金融、能源、交通、通信等关键信息基础设施场景外，重点建设工控系统、物联网、卫星物联网、大数据、云平台、智能家居等各类新技术、新应用、新设施的模拟仿真环境。瞄准网络空间中的最大威胁对手，重构重大安全事件（APT）的攻防环境，研究攻击工具、攻击手段与反制策略。建设大数据与网络技战术检测、试验与训练系统，模拟人机智能攻防对抗环境。适应网络与大数据安全发展需求，不断丰富和完善靶场环境，努力建设成为环境完备、功能全面、技术一流的国家级大数据安全靶场。

该场景将用于验证创新大数据与网络攻防对抗技术。充分发挥"军民融合"的优势，基于靶场环境，运作攻防对抗的工具、装备、技术、手段竞赛，验证业界创新的攻防对抗工具，逐步构建完整强大的攻防工具库与资源库，对应于情报侦察、实时监测、技术监测、通

报预警、应急处置、追踪溯源、综合防御、态势感知、固证打击、技术反制、数据获取、阻断、掩护、进攻等各个环节，并将与大数据相关的武器装备作为优势特点。

❖　"北斗"卫星导航定位基准站网基础设施建设项目

　　"北斗"卫星导航定位基准站网基础设施建设项目符合国家产业政策、国家质量发展纲要、NQI、国家卫星导航产业中长期发展规划、贵州省大数据产业引导目录总体规划等的发展要求，并与当地的区域产业发展相协调，项目实施后将产生一定的战略意义和社会效益。项目集超短基线场、短基线场、中长基线场、动态检测场、GPS微场、真北方位基准、"北斗"卫星导航定位基准站（专业应用站）及中心实验室于一体，具有功能齐全、综合性强、设备精良、技术先进等特点。同时与产、学、研、用紧密结合，形成一个集检测、试验、科研、科普于一体的综合性试验基地。主要应用于为全球卫星导航产品提供量传、质量检测、型式评价、大长度量传和对比等社会化服务；为交通、水利、地震、测绘、城建、地质等部门的基础性科学研究和工程建设，提供广泛的技术保障，推进 NQI 的科技创新，推动经济社会发展和质量提升，建立军民融合科技创新体系，促进军民领域双向技术交流，研究全球卫星导航系统相关产品量值溯源方法和技术规范，建立完整的技术保障体系。

作为国家新一代信息基础设施，能够推进现代测绘基准体系建设，提升地理空间数据获取、生产和加工能力，提高"北斗"卫星导航定位的精度，广泛地运用于社会经济民生的各行各业。项目建设地点位于开阳县境内，其中超短基线场（6 个基准点）及短基线场（13 个基准点）位于开阳县龙岗镇台湾产业园；中长基线场（7 个基准点）分别位于开阳县境内 7 个乡镇；"北斗"卫星导航定位基准站（专业应用站 4 座）分别位于龙岗镇、城关镇、花梨镇和楠木渡镇；动态检测场、GPS 微场、真北方位基准及中心实验室位于开阳县经济开发区。

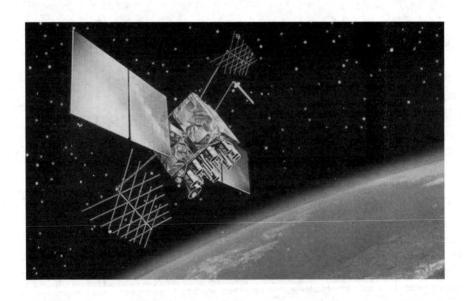

第五章　科技发光

　　每年数博会都会在全球范围内征集大数据及相关领域的科技成果，一览国内外创新前沿。数博会上的"黑科技"，是大数据时代的产物，是人类智慧的结晶，是国内外科技创新的最前沿。它们让很多以前只存在于科幻片里的东西成为现实，让我们的工作和生活变得更加便捷、丰富多彩和安全可靠。在全球科技企业及厂商的努力下，VR、无人机、人脸识别等科技新产品陆续出现，创新科技已经悄然改变了我们的生活，在数字化时代重塑原有的制造、零售、教育、娱乐体验，颠覆了我们的生活模式。

◆　**AI 智能平台新型图计算技术（华为技术有限公司）**

企业智能（EI）云平台中以 EYWA（Edge-set sYnergistic Workflow Architecture）为代表的图计算技术，提供了从底层的图存储管理、运行态的高性能计算引擎，直到面向上层的图分析和图查询，一体化的整套解决方案。

它的优势主要体现在以下三个方面：

超大规模高性能图计算框架：EYWA 通过松弛的 BSP 模型等分布式计算和通信技术，能够实现超大规模图数据的高并发秒级查询响应能力，解决了传统关系型数据库、现有图数据库以及诸多图分析系统在企业级大规模应用时所面临的严重的性能瓶颈。

一体化图查询分析架构：EYWA 在业界率先采用了基于边集流的图数据组织方式，同时支持基于 Gremlin 标准图数据查询框架的图数据管理和基于 GAS 模型的图数据分析一体化。

图上机器学习智能原生支持：通过标准属性图模型上融合拓扑高维嵌入、图卷积和异构信息网络技术，实现了对大规模知识图谱查询、复杂网络规划、欺诈模式识别等企业应用端到端的支持。

基于以上技术优势，与当前国内外的同类图计算项目相比，EYWA 新型图计算技术也同样占有领先地位。有些数据库擅长图数据的实时查询，但不能高效地对图数据进行离线分析；而分析引擎则侧重图数据的离线分析和挖掘，却不能对属性图进行管理，且不支持实时查询。EYWA 作为一体化的引擎，不仅兼顾了实时查询和离线计算，同时查询和算法响应时间均优于传统图数据库和分析引擎。

◆   **基于大数据的通信信息诈骗防范打击技术研究与应用——中移（苏州）软件技术有限公司**

本项目重点立足于中国移动庞大的用户资料库、通话信令库、各类话单库、举报标签库、不良信息治理库等大数据资源，通过大数据机器学习、统计预测等算法，针对省内呼叫、省际呼叫、网间呼叫、境外呼叫等各类欺诈场景，建立各类高危号码识别模型及诈骗事件分析模型，并搭建了基于大数据的通信信息诈骗防范平台。

通过该平台可准确高效地动态识别当前存在的高欺诈风险的号码、诈骗事件及易受骗用户群。同时，推动大数据能力与治理工作流程紧密结合，实现大数据分析成果在诈骗事件治理打击上的有效应用。

◆ **智能助老服务机器人软硬件核心技术——英特尔（中国）研究中心有限公司**

该技术所依托的平台基于领先的异构计算硬件平台和融合多种人工智能技术的自适应人机交互软件库，通过 ROS 平台与开发社区无缝对接，可以支持服务机器人在非结构化的家庭场景中认知环境与人，自主移动和执行任务（包括简单物理操作），检测异常情况并及时引入人员支持。同时，该平台还内置了安全机制，保障用户隐私和物理安全。

◆ **智联万物的 AI 虚拟助理——北京小米移动软件有限公司**

"小爱同学"是小米公司旗下的智能语音交互平台，以"小米智

能助理"的身份出现。其提供的人工智能能力已经输送给小米手机、小米电视、小米 AI 音箱和生态链其他智能硬件等多种类别的产品，"小爱同学"的能力已经覆盖了内容、工具、互动等近百个细分领域，成为国内领先的生态语音交互平台。

◆　AI 金融安全大数据平台——深圳市腾讯计算机系统有限公司

腾讯安全利用其 AI 能力优势，包括 70 亿个点和 1000 多亿条边的世界上最大的黑产知识图谱，世界上一流的安全大数据团队，灵鲲 SAAS 服务云计算能力在 30 毫秒内完成，成功克服并解决了现有监管行业"数据、算法、计算力"不足的问题，同时采用基于金融犯罪样本挖掘金融风险并进行数据化、可视化的方式方法，以及建立从监测、分析、模型拟定、欺诈定型的全流程管理，搭建了从数据源管理到风险展示的系统架构。在金融安全方向上，腾讯重点通过能力输出赋能金融行业实现智能监管、智能风控等。

◆　天眼新一代威胁感知系统（临检版）——网神信息技术（北京）股份有限公司

360 天眼新一代威胁感知系统（临检版），通过对海量数据建模，建立快速的多维索引关联分析，使用内置的多个攻击检测模块、行为检测模型、威胁情报和机器学习模型来快速发现已知和未知的攻击事

件，并能够将攻击行为与流量进行关联，实现完整的攻击溯源和取证分析。

◆　Drive Constellation——NVIDIA（英伟达）中国有限公司

"Drive Constellation" 是一款可以使用 VR 技术来对自动驾驶系统

进行模拟测试的模拟器。它能够依靠英伟达的图像处理产品强大的性能创造出一个完全虚拟化的世界，并 24 小时不间断地对自动驾驶系统的算法进行模拟测试，得到复杂且精确的数据。这应该是有史以来最接近真实场景的模拟测试解决方案，更重要的是，它几乎从源头上解决了实际道路测试所带来的不确定安全问题，意义非凡。

◆　SM2 和 SM9 数字签名标准——中国科学院软件研究所

　　SM2 椭圆曲线数字签名算法和 SM9 标识数字签名算法是我国国家密码管理局发布的数字签名标准。数字签名，又称电子签名，用于保证身份的真实性、数据的完整性和行为的不可否认性等，是世界各国保障网络空间安全、构建可信可控信息技术体系的密码重器。2017年 10 月，第 55 次 ISO/IEC 信息安全分技术委员会（SC27）会议在德国柏林召开。我国 SM2 与 SM9 数字签名算法一致通过为国际标准，正式进入标准发布阶段，这也是本次 SC27 会议上密码与安全机制工作组通过的唯一进入发布阶段的标准项目。这两个数字签名机制为ISO/IEC 14888 - 3/AMD1 标准研制项目的主体部分，这是我国商用密码标准首次正式进入 ISO/IEC 标准，极大地提升了我国在网络空间安全领域的国际标准化水平。

◆　　超级微粒计算机——IBM

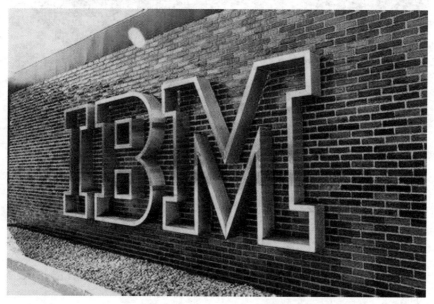

　　在 2018 年的 IBM Think 大会上，IBM 发布了一款只有 1 平方毫米的微型电脑。几乎只有盐粒大小，而成本只需要 10 美分。该电脑内含几十万个晶体管，搭载了 SRAM（静态随机存储）芯片和光电探测器。它的作用主要是数据的监控、分析和通信，可以用作区块链应用的数据源，追踪商品的发货，预防偷窃和欺骗，还可以进行基本的人工智能操作。通过该技术，未来每一件商品都能嵌入 IBM 的这款微型电脑里，让商品生产—流通—消费的每一个环节尽在掌握中，真正实现区块链最实际的应用场景——让假货无处遁形。

◆　　大数据基因预测未来的疾病——华大基因

　　大数据基因预测是指把基因组大数据纳入临床医学中，通过基因测序技术预测未来可能会患哪些疾病，从而更好地预防，诊断后用药的靶向性也更强。华大基因通过与阿里云合作，研发出基因云计算平台 BGI Online，该平台采用大数据与 AI 技术，通过对百万样本及肿瘤

基因特征进行分析，使得识别无创基因检测数据中的肿瘤信号成为可能。

◆ 小 i 机器人——中科院软件研究所、中国电子技术标准化研究院、小 i 机器人

在传统印象里，机器人只是按程序驱动的产品，既缺少智能反馈，又没有情感交流。但是，小 i 机器人不仅拥有智能反馈系统，还能理解人的感情，针对不同情绪做出不一样的交互。

小 i 机器人能够读懂你的喜怒哀乐，关键在于"信息技术—情感计算用户界面—框架"系统。2017 年 2 月，在德国柏林举行的国际标准工作会议上，由中科院软件研究所、中国电子技术标准化研究院、小 i 机器人 3 家来自中国的科研机构和企业共同体制定的该系统，通过国际投票获得正式立项。

这个系统不仅是中国在用户交互界面领域的首个国际标准，也是用户界面领域首个关于情感计算的国际标准，填补了国内外该领域的空白。

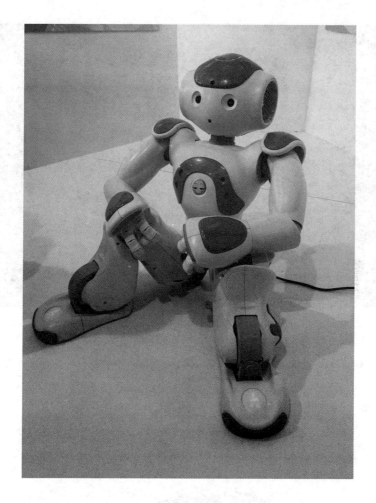

◆ **光量子计算机——中国科学技术大学、浙江大学**

率先在数博会上"展露真容"的中国光量子计算机,取样速度比国际同行类似的实验加快至少 24000 倍;按经典算法比较,它比人类历史上第一台电子管计算机和第一台晶体管计算机运行速度快 10 倍至 100 倍。

它的诞生标志着我国在基于光子的量子计算机研究方面取得突破性进展,为最终实现超越经典计算能力的量子计算奠定了坚实基础。

必须了解的是,这台光量子计算机由中国科学技术大学潘建伟教授及其同事陆朝阳、朱晓波等联合浙江大学王浩华教授研究组共同完

成的光量子计算机，是地地道道的"中国制造"。未来的新型计算机，或许将由中国光量子计算机重新定义。

◆ 黑盒化物联终端——中兴通讯

由中兴通讯研发的 Flylisten，采用极低功耗设计和电池供电，不充电也能持续使用 10 年；由于采用了 LoRa 数据回传路径技术，可实现 5 公里以上远距离传输；基于 CLAA 网络，更能实时监控、反馈、管理数据。用在燃气管道中，Flylisten 能够监测气体管道是否存在异常，一旦发现异常，会及时上报云端平台，为后期管线抢险提供宝贵的时间，守护万家平安。

◆ **柔性显示屏——柔宇科技**

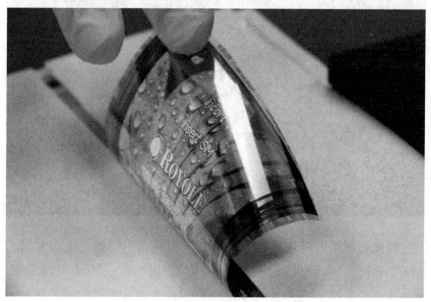

这张屏幕，厚度只有 0.01 毫米，相当于人类头发丝的 1/5，薄如蝉翼。将其卷曲，半径只有 1 毫米，相当于圆珠笔笔尖；而在它上面植入晶体管，相当于在豆腐上建高楼大厦。

这就是柔性显示屏，可卷曲、折叠，或与牛皮纸、皮革等材质融为一体。有了它，全世界的手机都可以轻易"掰弯"。实验证明，柔性显示屏在弯折 5 万—10 万次之后仍可实现高质量的显示效果。

在未来，柔性显示屏还能应用到平板电脑上，把平板折叠起来；应用到汽车中控上，将取消一切物理按键；还能应用到智能家居、新型建筑装饰等广泛领域。

◆ 智能用电网络——蜂能科技

蜂能智能用电网络平台，通过监控家庭用电习惯，生成专属的"省电秘籍"，当家庭用电负荷超过预期的80%时，系统会自动报警，提示主人在手机APP上关闭耗能过高电器。

智能用电网络平台集电力预测、用户管理、负荷实时监测、用电控制、用户激励及数据可视化功能于一体，通过大数据技术自动分析、完善用电网。

◆ Driverless无人操控中央空调——海尔

做中央空调的，想让用户忘掉中央空调，倒真有几分"无我"的境界。海尔Driverless无人操控节能中央空调的存在，似乎更像"不存在"。通过与大数据技术结合，Driverless无人操控节能中央空调能够实现自运行、自节能、自清洁功能，既不需要手动开关，也不需要

维护机房。

　　只需要一个手机 APP，即可监控中央空调的运行情况；按下一个按钮，即可开启关闭设备，并按照每周设定的逻辑运行。不再需要人工控制，Driverless 无人操控节能中央空调总体系统能够节能 50%，实现 30 年内无衰减机房。

　　值得一提的是，当主要线路出现故障时，也不需要停机维修。中央空调会自动启用备用设备，同时向平台报修，很快就会有抢修兵上门维修。

◆　唇语识别——海云数据

　　目前，海云唇语识别系统能够直接从有人讲话的图像中识别出讲话内容。经过 10000 小时新闻类节目的训练，中文识别准确率达 71%，英文识别准确率达 80%，是目前世界上最准确的唇语识别系统。

　　海云唇语识别技术的推出，为更多的耳聋人群提供了帮助。下一

真实答案：唇语识别能识别出口型并还原成文字
海云预测：

步，海云唇语识别系统将开发和训练出有效的识别模型，计算出可能性最大的自然语言语句，更广泛地应用到公共安全、军事情报、身份识别、残疾教育等领域。

◆ 新一代智慧防火墙——360

　　传统防火墙只能通过规则防御已知威胁的状况，面对黑客的入侵则束手无策。通过运用大数据技术和机器学习技术，360 将安全大数据、机器学习技术和能力应用于防火墙，通过云端情报的驱动和云地数据的关联，可以帮助企业和机构用户精准发现包括 APT 在内的各种外部威胁，并且将发现的威胁进行快速处置。

◆　石墨烯柔性手机——重庆墨希科技有限公司、嘉乐派（影驰）科技有限公司

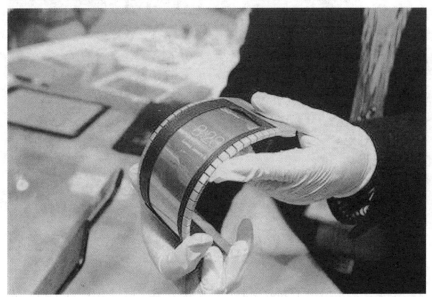

在柔性固态薄膜锂电池中加入石墨烯材料，就制成了目前世界上最轻薄耐用的柔性电池。厚度小于1mm的柔性电池可反复弯曲，最小弯曲半径达1cm，可以卷在一支铅笔上，容量在600—2000mah，能够用于制作最轻薄、柔软的手机，也能用在采用了生物传感器的智能衣物、背包上。

同样是添加石墨烯材料，柔性手机的透明导电膜、导电油墨也变得更加柔软轻薄，能够像智能手表一样，把柔性手机放在表带上就可以进一步减小体积或延长使用时间。

◆　3D 商品展示——京东

十几年前，"看图买单"似乎是件没门儿的事！但今天，电子商务已经风靡全球。但是，有没有想起卖家秀的美和买家秀的痛？有图不一定有真相，多少知道真相的买家掉下了眼泪。

　　于是，京东给出了大数据时代的解决方案，通过 AR、VR 和大数据技术，把 3D 商品展示技术应用到电商中去，让消费者能够真实地看到商品的样子。720°无死角旋转，立体式展现内部结构，用上 3D 商品展示技术，甚至还可以模拟自己的家庭、工作环境，模拟把商品放在现实环境中的情况，让"买买买"更真实。

第六章　展望未来

一　数据浪潮

　　为了在 DT 时代不被淘汰甚至成为领跑者，现如今的正确做法就是全力打造以大数据为核心的创新格局，同时推动经济转型升级。将大数据视为经济社会发展的战略支撑，让大数据成为加快经济发展转型、公共服务水平全面提高、社会治理能力快速提升的强大动力，致力于构建现代化产业体系、数据产业链、建设创新型人才队伍，致力于打造以大数据为引领的创新格局，推动经济转型升级实现。

　　根据哲学的辩证统一，因为事物都有两面性，要用矛盾的观点看问题，所以大数据发展机遇与挑战并存，希望与困难同在。从之前的早期膨胀阶段、炒股阶段到理性发展阶段、落地实用阶段，大数据在未来的发展仍然有很多的挑战和困难，但是还处于起步阶段的大数据的发展前景还是十分乐观的，大数据的利处远远超出其弊端，且它的弊端可以改进、能够预防、可以减少和避免。对于大数据趋势的真正把握就像试图监控每天的风向变化一样，只要感受到风向，大数据就会发生改变，而我们要做的就是预测并做好应对措施。随着时间的流逝，大数据有以下几种发展趋势：

　　趋势一：数据资源化。随着大数据的发展，大数据价值将得到最大限度的挖掘，大数据成为全新的战略制高点，是重新洗牌的重要资源。如今，大数据已经被公认为一种新的资产类别，就像货币和黄金一样。许多互联网的集团和公司比如说 Google、亚马逊、腾讯、百度、阿里巴巴和 360 等都在使用大数据以便获得商业上更大的成功，同时，其他企业比如说金融和电信类公司也在运用大数据来提升竞争力。所以我们有理由相信大数据将不断成为企业和机构的资产，成为提升竞争力的最强武器。

趋势二：大数据在更多的传统行业的企业管理中得到运用。在正常情况下，新兴技术在少数行业取得了喜人的成绩之后，都会对其他行业起到示范性的作用。如今大数据已经在互联网行业得到了较好的应用，吃螃蟹的第一批人已经出现，所以如不出意外，其他行业的大数据也会开始得到有意识的应用并且取得初步成效。据理性猜测，大数据加上人工智能，甚至可以将之前的所有行业全部改造一遍。换一个角度说，在未来，所有的公司在某种程度上都属于大数据公司。所以，我们有充分的理由相信，作为一种从数据中创造新价值的工具，大数据必定会在越来越多的企业和行业中得到应用推广，并将带来不可估量的社会价值。在未来的大数据时代，大数据将会帮助企业更好地掌握和满足客户的需求并发现潜在需求，可以更好地应用在业务运营智能监控、精细化企业运营、客户生命周期管理、精细化营销、经营分析和战略分析等方面。企业管理不仅有艺术，而且有科学，相信大数据在科学管理企业方面终将带来明显的改进，让更多的大数据拥护者实现智慧企业管理。

趋势三：大数据和传统商业融合，行业制定化解决方案成为潮流。传统商业的智能领域将大数据看作一个新增的数据源，而大数据从业者却认为传统商业智能仅仅是在各自领域中处理少量数据的一种方法。大数据用户更希望得到全局解决方案，即在收集、处理和分析企业内部业务数据的前提下，能够引入互联网中网络浏览、微博、微信等非结构化数据。除此之外，还可以结合移动设备的位置信息。通过使用这些手段，企业就能够形成一个全面的、完整的数据价值发展平台。毕竟，无论是大数据还是商业智能，一开始的初衷都是为分析服务的，为了最大限度地发现新的商机，应该把数据全面整合起来，这就是大数据商业智能的核心。我们坚信，更多的大数据商业智能定制化将在电信、金融、零售等行业出现和得到深层次的应用。

趋势四：数据愈发开放，数据共享联盟时代即将来临。众所周知，大数据越关联越有价值，越开放越有价值。特别是公共事业和互联网企业的数据开放将越来越多。如今，美国、英国等很多国家的政府都已经对政府和公共事业数据的开放做出了努力。在中国，一些城市和部门也在慢慢地开展数据开放的工作。在不同的行业里，数据共享也越来越有价值。比如说，每个医院都想获得更多的病情特征和药效信息，那么就需要全国甚至全世界的医疗信息共享，在通过平台进行分析之后，以达到获取更大价值的目的。综上所述，我们有理由相信大数据即将出现一种共享的潮流和趋势，而且不同领域的数据联盟即将出现。

趋势五：大数据安全受到重视，大数据安全市场更加重要。伴随着大数据价值的逐渐上升，大数据的安全稳定也逐渐得到重视。凡事都有两面性，大数据也不例外。在带来利处的同时，它也给犯罪分子提供机会去获取他人的关键信息，因此关于个人信息的骗术和手段会层出不穷。所以，在大数据时代，不管是对数据本身的保护还是对于由大数据衍生出来的信息安全的保护，只要是对大数据分析有较高要求的企业，都是十分重要的。大数据安全问题是跟大数据业务相对应的，与传统数据安全相比，大数据安全的最大区别在于安全厂商在考虑安全问题的同时，第一步是进行业务分析，并且找出针对大数据业务的威胁，然后提出有针对性的解决方案。我国现在在数据安全问题方面还有很大的漏洞，所以信息泄露情况较为突出，用户隐私信息交易甚至发展成灰色产业。另外，网上经常出现不法分子编造、故意传播虚假恐怖信息，恶意歪曲事实，诋毁他人名誉，损坏企业形象。更有甚者发布大量攻击、诋毁我国政府、司法机关、现行政治制度的言论，通过蓄意策划、插手炒作敏感案件，肆意歪曲事实。

趋势六：大数据促进智慧城市发展，成为智慧城市的引擎。大数据的发展，让其在智慧城市中充当着越来越重要的角色。因为人口聚集给城市带来了交通、医疗、建筑等各方面的压力，所以要求城市能够合理地进行资源分配布局和调配，因此智慧城市应运而生，它是城市治理转型的最佳解决方案。智慧城市是通过物与物、人与人、物与人的互联互通能力、全面感知能力和信息利用能力，借助物联网、移动互联网、云计算等新一代技术，实现城市高效的政府管理、便捷的民生服务、可持续的产业发展。智慧城市相对于之前大的数字城市概念，最大的区别在于感知层对于获取的信息进行了智慧的处理，由数字城市到智慧城市，核心就是要实现对数字信息的智慧处理，即引入大数据处理技术。智慧安防、智慧交通、智慧医疗、智慧政府等，都是以大数据为核心基础的智慧城市应用。

趋势七：大数据将衍生相关专业和新的职业。一个信息行业的出现，必然会催生新的职位需求，所以大数据产业也必定会衍生出一批新的职业，比如，大数据分析师、数据管理专家、大数据算法工程师、数据产品经理等。具备丰富经验的数据分析人才在短期内将会是稀缺人才资源，数据驱动型工作将以爆炸式增长的方式呈现。同时由于有强烈的市场需求，各高校也将逐渐开设大数据相关专业，用以培养相关人才，相关企业也将和高校紧密联系合作，协助高校联合培养技术人才。

趋势八：大数据渗透并改善着我们的生活。大数据不仅应用于政府和企业，也开始应用于我们的生活。例如，在健康方面，可以利用智能手环检测，对睡眠模式进行追踪，了解睡眠质量；也可以利用智能血压计、智能心率仪远程监控身在异地的家里年迈父母的健康情况，让远在他乡工作的人更加放心。在出行方面，能够利用智能出行导航，GPS 数据了解交通情况，能够根据拥堵情况实时进行路况调整；在居家方面，大数据将成为智能家居的核心，智能家电实现了拟人智能，产品通过传感器和控制芯片来捕捉和处理信息，能够根据住宅空间环境和用户需求自动设置控制，甚至可以提出优化生活的建议。

世间万物都有两面性，大数据也是如此。在大数据呈现井喷式发展的同时，它的弊端也逐渐暴露出来：一是行业的良莠不齐，比如在互联网企业，大数据基本已经普及，然而部分传统行业仍然在徘徊犹豫，甚至连大数据思维模式都没有构建；二是数据开放程度低，国内的数据，虽然数量足够庞大，但是因为不够开放，所以数据大多呈现出条状而不是面状，数据信息没有联到一起，没有得到充分的开发和应用；三是数据安全问题日益突出，大数据安全问题日渐严峻，在发展大数据的同时，应该严格把控数据安全，打击网络犯罪。隐私问题与数据共享之间的矛盾很严重：数据是财富，涉及个人和组织的利益，那么大数据的所有权应该如何界定？比如，消费者数据是否归于消费者？什么数据可以公布？什么数据不能够公布？什么数据可以共享？如何保障数据安全？这些问题都需要政府出台政策、制度、法律来予以保障。

随着大数据技术在互联网中的普及，毫无疑问，我们的生活将发生天翻地覆的变化。大数据通过对海量数据进行分析，以一种前所未有的方式，在人们的生活中获得了具有巨大价值的产品服务，最终演变成第四次变革世界中的中坚力量。如今大数据作为这个时代必不可少的一种数据处理方式，不管是政府还是社会、企业、个人，都应该具备充分的认识和做好充分的准备，毕竟，大数据的发展趋势势不可挡，我们只有顺应时代潮流，才不会被新时代所淘汰。

二　光明前景

在信息时代，大数据的技术应用已经成为人们生活、工作以及娱乐等不可或缺的重要部分，大数据在未来具有广阔的发展前景，掌握并合理利用好大数据，在未来使大数据朝着更加智能化、多元化、共享化的方向发展。如何从数据信息爆炸的今天，从海量、结构复杂的数据中提取出有用的数据并对数据进行智能分析处理，提升数据的管理处理、数据融合以及数据的安全水平是永恒的努力方向。从目前情况来看，大数据在我国已经足够火热，所以要避免大数据炒作，避免"一拥而上，一哄而散，一无所获"的局面出现。大数据是人类认识、探索数据界的一个必然结果和趋势，是数据科技发展到一定程度的体现。如今的大数据分析市场与几年前已经截然不同，正是由于海量数据的暴增，在未来十年，全球各行各业都将发生变革、创新和颠覆。大数据的魅力在于，它是数据、知识、方法的交叉，以及各个领域的交叉，从而产生新的科学方法、新的管理决策方法、新的经济增长方法、新的社会发展方式等，这也是第四次工业变革的本质，更是大数据热潮之源。由于大数据的内涵是数据、技术和应用，其中数据暗含价值，技术发现价值，应用实现价值；而数据和应用包含了各行各业，几乎对每个行业都产生了巨大影响，因此它让来自各个学科的人，各个领域的人，齐聚一堂，探讨大数据的意义和发展。如今大数据的发展前景受到了许多国家和国际组织的高度重视。对大数据的发展前景可做如下叙述：

前景一：统一标准化。大数据技术的不断突破，产业应用的逐步深入，不断涌现出新的标准化需求。大数据领域的标准化工作是支撑大数据产业发展和应用的重要基础。就大数据整体的技术体系以及发展规模而言还处于起步阶段，仍需开展行业标准化制定工作，国际三大标准化组织、美国国家标准与技术研究院以及国内的信息技术标准化技术委员会等组织已经开始行动。2018 年 3 月，中国电子技术标准化研究院和全国信息技术标准化技术委员会大数据标准工作组主编的《大数据标准化白皮书（2018）》分析了国内外大数据产业的相关法规政策。从 2013 年开始，多个省（市、区）在《促进大数据发展行动纲要》等国家政策的引导下，出台了针对省情的大数据相关政策文件以及在地方专门设置了大数据管理机构或部门，有利于统筹当地的产业规划。大数据产业的标准化建立还需要继续完善，不仅需要国家从法律法规上予以支持，也需要企业与公众自觉遵守相关法规，共同维护大数据产业的安全。

前景二：预测分析。未来，数据分析将成为大数据发展的核心，除了能够更好地解决社会、科技、经济等问题以外，大数据的另一个发展趋势就是以人为本的大数据方针，提供大数据技术解决各种问题，并在其发展中坚持以人为本的理念和原则。对大数据进行大规模的分析和智能化处理，能够发现信息，数据分析的结果也能够更好地应用到各个领域当中，为其提供更为科学和便捷的服务。它与机器学习紧密相连，事实上，机器学习系统一般为预测软件提供引擎。在大数据应用分析早期，企业是用现有数据分析过去发生了什么，然后再用分析工具调查为什么会发生，以此预测接下来会发生什么。而数据分析则更进一步，可以直接使用大数据分析预测未来会发生什么。

前景三：物联网。物联网是新一代信息技术的重要组成部分，其核心和基础仍然是互联网。随着移动互联网的深度普及与物联网技术的不断发展，物联网逐渐成为越来越重要的大数据资源提供者，未来市场规模将不断扩大，会对大数据产生持续性的影响。根据 IDC 公司2016 年 9 月的一份调查报告，"接受调查的企业中有 31.4％推出了物联网解决方案，另外 43％的企业希望在未来的一年内进行部署"。随着这些新设备和应用程序的上线运行，企业将会体验到比以往更快的数据增长。许多企业都需要新的技术和系统，以便能够处理和理解来自物联网部署的海量数据。物联网收集的数据洪流将会增加对大数据应用的需求。

前景四：人工智能。人工智能作为新一代信息技术最典型的网络技术之一，也是国家战略性新兴产业发展规划的重点之一。人工智能目前及其未来有着核心产业链，如无人机、智慧机器人、智能芯片、语音识别、智能驾驶、智能安防等，相信在未来 10 年内将成为最具颠覆性的技术，AI 在生活中将无处不在。在庞大的人工智能领域，机器学习是人工智能的一个分支，它的重点在于允许计算机在没有明确编程的情况下学习新的事物。换句话说，机器学习分析现有的大数据库存来得到改变应用程序行为的结论。随着大数据分析能力的飞速发展，部分企业已经开始投资机器学习，而未来，这个趋势将持续上升。神经网络也是一种先进的人工智能技术，具有自身自行处理、分布存储和高度容错等特性，非常适合处理非线性的以及那些模糊、不完整、不严密的知识或数据，十分适合解决大数据挖掘的问题。使用机器学习和人工智能的另一种方式是创建智能应用程序，这些程序通常包含大数据分析，得出用户以前的行为，以提供个性化和更好的服务，现在比较大众的是电商和娱乐行业的应用程序推荐引擎。Gartner研究员说："在未来 10 年，几乎所有的应用程序和服务都将包含一定程度的人工智能。这将形成一个长期的趋势，将不断发展和扩大人工智能和机器学习应用程序与服务的应用。"

前景五：数据开放融合。目前数据的开放主要靠政府、大型企业提供，然而对外开放的数据量有限，导致各行业间的数据融合还不够深。当前的运营商已经从利用自身内部数据解决问题逐步向数据商业化发展，而数据的开放是实现这一转变的重要方式。运营商和政府如何在确保安全的情况下开放数据以获取商业利益是当前需要解决的问题。大数据技术的发展将新型尖端网络技术如网络计算、移动网络技术和物联网、云计算等充分融合成一体，促进不同科学技术的交叉融合。2018年底前建成国家政府数据统一开放平台，率先在信用、交通、医疗、卫生等重要领域实现公共数据资源合理适度向社会开放。数据共享成为2018年的重要趋势之一。《国务院关于印发新一代人工智能发展规划的通知》指出：倡导开源共享理念，促进产、学、研、用各创新主体共创共享。《国务院关于深化"互联网+先进制造业"发展工业互联网的指导意见》则更为具体：面向关键技术和平台需求，支持建设一批能够融入国际化发展的开源社区，提供良好开发环境，共享开源技术、代码和开发工具。希望未来各行业在确保安全、隐私性以及合理利用的情况下，能很好地实现共享数据价值，互相融合，从而加速传统经营方式的变革、商业模式以及服务模式的创新，为大数据产业的发展带来新的能量。

　　前景六：智能安全。《中华人民共和国网络安全法》的实施使个人信息安全与隐私保护问题、人工智能/区块链等新兴大数据产业中的数据问题成为关注热点。随着技术的发展，数据的收集，电子商务已经汇集了用户的基本信息、交易信息、社交信息和地理位置信息等信息。由于大数据在我国起步较晚，在数据隐私安全性和数据控制方面的相关法律法规还不够健全，大数据及其技术聚集了大量的价值，如何在确保企业为用户提供个性化服务的同时，做到确保用户的隐私不受侵犯，在提倡数据开放的今天如何确保数据安全和企业的核心机密不被窃取一直是有待解决的热点问题。现在许多企业已经将大数据分析纳入其安全战略，企业能够通过这些数据信息来预测、预防和减轻未来恶意攻击。其他公司也正在转向采用安全厂商提供的服务，其产品就包含大数据分析功能。

　　前景七：高薪引人。由于2018年各企业都成立了数据分析相关部门，导致需要相关的数据分析人才。对于 IT 员工来说，大数据分析的增长可能代表着对拥有大数据技能的人员的高需求和高薪酬。根据 IDC 公司的调查，仅在美国，2018 年就会有 181000 个深层次的分析职位，而在许多需要相关数据管理和解释技能的职位中，这个数字将会翻 5 倍。由于这种稀缺性，Robert Half 技术公司调查表明，数据科学家的平均薪酬在 2017 年提高了 6.5%，其年薪为 116000 美元到 163500 美元。同样，大数据工程师也将增加 5.8% 的薪酬，其年薪为 135000 美元到 196000 美元。

除了上述发展趋势外，大数据技术的飞速发展也使得其较现在的水平有了更大的提升。现在大数据处理系统采用的还是批量化的处理方式，而在今后的发展过程中，随着内存计算、流处理连续计算等技术的发展，大数据的处理将能够实现流线化和实时性。

在当前和未来的发展中，大数据将成为各行各业实现其价值的最佳途径，大数据被广泛使用将是大势所趋。它在社会发展的每一个角落都贡献着它的力量，为社会各行各业的发展创造着更多的价值，所以大数据的未来具有辽阔的发展前景。不过因为大数据的复杂性，如何对其进行更加准确、全面的分析依然是一项重要的挑战，并且在互联网高速发展的今天，怎样将大数据和互联网结合起来，怎样使得大数据在互联网中得到良好的应用，以便能够帮助互联网进行决策，仍然需要众多科研工作者的努力。

三 数字生活

如今，世界已经迎来了大数据时代，数据增速之快是最具代表性的现象之一。据预测，到 2020 年，网络上丰富多样的数据总量将有 40Z，与现在相比，增加了近 50 倍。数据漫溢于世界各个角落，与人类的生活相互依存。

麦肯锡说过："数据，已经渗透到当今每一个行业和业务职能领域，成为重要的生产因素。人们对于海量数据的挖掘和运用，预示着新一波生产率增长和消费者盈余浪潮的到来。"数据对于人类生活生产方式的一大作用是：挖掘和整合一切有用的数据信息，在分析整合后为人类社会提供更好的服务。数据已经蔓延于人类的各个方面，人类每天都在接触数据：通话的语音信息，微信、QQ 的聊天信息，微博的热点新闻，移动支付的数据，淘宝里的购物车清单以及各种功能的手机 APP 里的信息。这些数据随时随地产生然后累积，逐渐堆砌成"数据金字塔"。通过收集这些人类日常生活数据，对之进行数据分析和整合，为人类社会提供智能便利的服务。

顺应时代的发展，信息技术的进步，诞生了大数据技术。大数据与物联网、云计算等高新技术的融合发展，又催生出智能硬件、智能家居、智能穿戴设备等数不胜数的智能应用产品。移动支付，刷脸乘车，全自动驾驶等各种想象概念已经变成现实。大数据技术正在与社会各领域跨界融合、共同发展，释放和催生出各个领域的新需求，形成新的生产模式和商业模式，蕴藏着不菲的商业价值，同时，也深刻而持久地改变着人们的生活生产方式，拓宽人类认识的角度。

在大数据时代，人类正在全面迈入数据经济时代，借助人工智能、互联网等技术，大数据与实体经济的深度融合，在各行各业的广泛应用，使得人类未来的生活越来越智能化、数据化。电商大数据是目前大数据应用最普及的领域之一，从生活日用品到食品服装，从家用电器到交通票务，从淘宝、京东到沃尔玛、亚马逊，电商的痕迹在人类生活中无处不在。电商购物平台应用大数据技术，对客户购买数据进行整合分析，找到顾客和商品之间的联系，实现"精准营销"，为客户打造更轻松、更便捷的线上购物环境。

国之大计，教育为本。在教育领域，通过采集分析老师、学生的语言、行为等数据，通过某种算法找到两者之间数据信息的关系，精准感知学生的学习方式、习惯、脾气秉性、智力水平，为学生设计个性化教材，为老师提供教学与研究的建议与指导。现今，网络教学很普遍，线上教学已经成为教育领域的一大组成部分。通过线上学习，教师可以通过数据，了解到学生在观看哪些课程，在进行反复的观看后，确定学生的学习困难点，从而改进教学方法，加强相应领域的训练。数据的产生完全是过程性的，在学生不自知的情况下，一定的观测技术与设备辅助采集非常自然、真实，不会给学生带来很大的压力。

在医学领域，如果我们从出生起，每一个心跳都被记录下来，我们身上穿戴各种传感器，能够实时感知体温、汗液等各种生理指标，那么通过大数据的分析，可以提前预测可能出现的疾病，对疾病的治疗也可以实现精准个性化，每个人吃的药的剂量、方式可能也是不同的。人类的寿命或许可能延长 30 年到 50 年。而这些过程所产生的诊断数据，需要全新的技能来分析处理，从而将医学上的传统直觉经验判断转变为数据推导。随着人类智慧的发展，人们已经可以对基因档案系列化，大数据技术的发展与应用，使得人类认识到数据对于医学的影响，通过数据改进提升预测水平可以更加准确地发现疾病。在未来，将实现更多的远程医疗，简化医院烦琐的就医程序，利用现代信息技术，实现一系列医学疾病的自我管理，包括神经系统的疾病、糖尿病、哮喘以及癌症等。同时，辅佐医生和科学家去预测病人关于某些疾病的易感染性和其他不利条件，减少治疗过程的时间和破费，并施行更精准的治疗计划，为患者提供更加有效、更加快捷的医疗服务。

中国从古至今一直是农业大国，农业作为国民经济的第一大产业，农业的发展与我国经济发展紧密相关。在中国很多地区，由于地形、气候、经济发展情况等原因，农业的生产还停留在传统的手耕作业与小型机械相结合的阶段，如何实现生产方式的智能化，实现真正意义上的机械化，一直是农业发展的目标。在大数据时代，农业必须依赖数据和先进技术来推动其发展，从现有的现代化农业转变为数据时代的精细农业。美国阿尔伯塔省农业、食品与农业保护发展部门的汤姆·戈达德说过，精细农业的关键在于产量监管、产量绘图、浮动式施肥、杂草检测、可控式喷洒、盐度监测、引导系统、记录与分析八个方面，通过收集上述数据能够带来前所未有的预测能力，这或许会带来革命性的改变，即农作物的生长过程从顺其自然转变为以数据为驱动。以数据驱动农业，用大数据技术带动农业发展。

交通拥堵是我国很多大城市司空见惯的现象，经济的发展，人民生活质量的提高，使得车辆数量不断增加，交通空间的浪费，道路容量不足，带来的不仅是拥堵问题，还带来了大气污染、城市噪声、市容下降等问题。无人驾驶技术的实现，大大降低了交通事故；实时获取车辆类型、车牌号码、车速范围、车长范围、号牌段范围、时间范围等多项车辆信息以及人流信息和路况信息，对之加以分析和处理，通过数据算法和建模，对道路做出更加科学的规划，改善交通状况，缓解交通拥堵，有效改善大气环境，为社会提供更优质的交通环境和更具保障的服务。

大数据也在反腐中得到了有效应用，是预防腐败的有力武器，通过数据分析个人财产流通情况，同时，通过车辆注销、海外旅游、银行卡消费等信息查个税缴纳信息，按条件选择出偷漏税可疑者，进一步查实情况。

大数据包含包罗万象的数据，其中不少数据涉及个人的职位、年龄、身体状况、消费水平、旅行习惯等隐私，在大数据时代，个人隐私能否得到有效保护是大数据技术发展历程中至关重要的问题。数据安全，隐私保护需要国家、社会、企业的共同努力，国家相关部门出台法律条款保障基础实施，企业主动落实隐私保护责任，社会共同打造保护隐私的环境，建设"清洁、文明"的数据环境，为大数据技术的发展提供基础条件。

大数据技术现已成为全球发展的热点，对一个国家的发展至关重要，顺应全球数字化发展大势，树立全新的数据经济发展观，打造国家数据发展的创新生态体系，推进大数据技术产业创新发展，构建以数据为关键要素的数字经济，培育世界级大数据公司，构建创新开放共享的产业发展环境，加快大数据在更大范围、更深程度、更高层次上的融合创新，运用大数据技术保障和改善民生，提升国家治理现代化水平，打造数据强国的战略抉择，加强"数字中国"的建设。

四　数博未来

如今，贵阳国际大数据产业博览会已经成为享誉全国，流向世界的国际大舞台。大数据热潮的持续，世界各国都加入了潮流中，共享大数据带来的"美食"。现今，衍生出很多大数据领域的博览会，在未来，将会出现更多的大数据博览会。中国国际大数据产业博览会如何定位未来的发展趋势，如何适应时代的发展，如何在众多博览会中鹤立鸡群，突出自己的特点优势，成为现今应该思考的问题。

大数据产业不仅是布局，还是格局，更是全局。未来的大数据产业，将是"全局"的深入与融合。数博会已成功完成两次"飞跃"，不仅仅是一个"会"，而是在深度、广度、高度上有着较大的发展空间。从2015年到2018年，中国国际大数据产业博览会的规模屡创新高。

从广度上看，每一届中国国际大数据产业博览会参加的企业机构，都是从事大数据、互联网、人工智能等信息技术相关的企业。随着大数据渗透到社会各界各领域，在未来的时代，不只是高新技术的"一枝独秀"，而应该是全行业、全产业的"百花齐放"。顺应发展潮流，数博会在扩大规模的同时，也需考虑领域扩充，怀揣包容之心，海纳百川，吸收更多行业分流与大数据海洋交汇。

从深度上看，中国国际大数据产业博览会主要是由峰会论坛和展览会组成，峰会论坛提供政客、学者、领军企业、带头人物探讨大数据产业的发展趋势、方向，发表个人言论意见的平台，展览会为各个企业、机构打造了展示大数据发展成果、前沿科技的舞台。作为一个大舞台，有足够的机遇与世界大数据产业领军企业接轨，如何吸引前沿企业带来的核心技术、核心成果，打造资源共享、技术共享、成果共享，实现数博会与知名企业的持续性合作，打造知名企业的项目落地、成果落地，是未来数博会需考虑的一个问题。

从高度上看，中国国际大数据产业博览会已经成为国家级国际性博览会，但其"国际性"是小范围的，距离奥运会、世界杯这种真正意义上的国际性盛会还存在着很大差距。大数据发展关乎国家，更是与每一个人息息相关，如何让同住地球村的人类参与数博会、了解数博会，提高发达国家参会占比，增加发展中国家参会数量，将数博会打造成世界级盛会，是数博会需一直努力的方向。

　　大数据之浪席卷全国，从北京、深圳、杭州等发达地区，到贵州、云南等欠发达省份，每一个省份、直辖市都直接或间接地参与大数据产业的建设。同时，各种与大数据相关的博览会在中国大地绽放，如何带动同领域同类博览会的发展，如何与同类博览会搭建桥梁，实现参会资源共享互通，优劣势互补，不仅是中国国际大数据产业博览会向前发展的重要措施，也是我国发展大数据产业的有效举措。

　　大数据产业博览会不仅是中国改革发展新思路的支点，还是世界科技经济发展的脉搏。中国国际大数据产业博览会在讲述分享中国故事的同时，更需要倾听来自世界的声音。打造一个全球参与并具有全球影响力的博览会，才能实现大数据产业博览会的终极价值，才能挖掘大数据产业博览会的核心内涵，才能把大数据产业博览会强大的外延张力和有容乃大的品性发挥到淋漓尽致。数博会为大数据的发展与应用打造了高端专业的探索探讨平台，既是数博会的行动纲领与最终目的，也是数博会的使命与担当。踏石留印、抓铁有痕，敢闯敢试敢做的中国，基于现有的发展成果，继续在大数据这片"蓝海"中摸爬滚打，匍匐前进，闯出具有自身特色并适合自身发展的道路。在未来的发展中，数博会应积极调动各方面的积极因素，以开放共享、合作共赢的态度积极融入国际浪潮。

数博会大事记

2014 年

2014 年 2 月 25 日，贵州省人民政府印发《关于加快大数据产业发展应用若干政策的意见》和《贵州省大数据产业发展应用规划纲要（2014—2020 年）》。意见明确将从多方面发力，推动大数据产业成为贵州经济社会发展的新引擎。

2014 年 3 月 1 日，贵州·北京大数据产业发展推介会在北京举行，正式拉开贵州大数据发展大幕。

2014 年 3 月 27 日，在第四届中国数据中心产业发展联盟大会暨 IDC 产品展示与资源洽谈交易大会上，贵阳被评为"最适合投资数据中心的城市"。

2014 年 5 月 28 日，贵州省大数据产业发展领导小组成立。

2014 年 9 月 14 日，"2014 中国'云上贵州'大数据商业模式大赛"正式启动，在全国率先开放政府数据目录，借此募集商业模式，激发优秀创意，助推大数据电子信息产业的发展。

2014 年 10 月 15 日，"云上贵州"系统平台开通上线，该平台是全国第一个省级政府数据统筹存储、管理、交换、共享的云服务平台。

2015 年

2015 年 1 月 8 日，"2015 贵阳国际大数据产业博览会暨全球大数据时代贵阳峰会新闻发布会"在京举行。

2015 年 3 月 30 日，数博会组委会工作组赴北京拜访中国互联网协会、北京贸促会、中国信息协会大数据分会、中关村大数据产业联盟、清华大学、工信部工业文化发展中心、中国信息通信研究院、中国信息安全测评中心等单位。

2015 年 4 月 9 日，由中国大数据产业观察网制作的"2015 贵阳大数据产业博览会"首期宣传视频在优酷、腾讯等网站推出。

2015 年 4 月 17 日，"2015 贵阳国际大数据产业博览会暨全球大数据时代贵阳峰会新闻发布会及块数据理论研讨会"在京举行。

2015 年 4 月 28 日，"2015 贵阳国际大数据产业博览会暨全球大数据时代贵阳峰会"在深圳路演。

2015 年 5 月 8 日，贵州省委常委、贵阳市委书记陈刚主持召开专题会，安排部署"2015 贵阳国际大数据产业博览会暨全球大数据时代贵阳峰会"筹备工作。

2015 年 5 月 11 日，"2015 贵阳国际大数据产业博览会暨全球大数据时代贵阳峰会"上海路演在中国金融信息中心举行。

2015 年 5 月 20 日，贵阳市召开"2015 贵阳国际大数据产业博览会暨全球大数据时代贵阳峰会"工作动员大会。

2015 年 5 月 24 日，由大数据战略重点实验室研究、中信出版集团出版的《块数据——大数据时代真正到来的标志》《DT 时代——从"互联网＋"到"大数据×"》和《创新驱动力——中国数谷的崛起》三本大数据理论书籍在北京、贵阳同时发售。

2015 年 5 月 26 日，"2015 贵阳国际大数据产业博览会暨全球大数据时代贵阳峰会"在贵阳开幕。国务院总理李克强向大会发来贺信。2015 年 5 月 26 日，贵州省委书记赵克志，省委副书记、省长陈敏尔在贵阳会见来贵出席"2015 贵阳国际大数据产业博览会暨全球大数据时代贵阳峰会"的部分嘉宾。

2015 年 5 月 26 日，中共贵州省委书记、省人大常委会主任赵克志同志宣读李克强总理的贺信，并致欢迎词。

2015 年 5 月 26 日，马凯副总理发表重要讲话。

2015 年 5 月 26 日，工业和信息化部副部长怀进鹏发表演讲。

2015 年 5 月 26 日，中共贵州省委副书记、省长陈敏尔发表演讲。

2015 年 5 月 26 日，著名企业家马化腾、阿南德、郭台铭、琳达·普赖斯、许罗德、周鸿祎、田溯宁、雷军、毛渝南、马云先后在开幕式上发表演讲。

2015 年 5 月 26 日，《大数据贵阳宣言》在贵阳国际大数据产业博览会上发布。

2015 年 5 月 26—29 日，全球首次以大数据为主题的"2015 贵阳国际大数据产业博览会暨全球大数据时代贵阳峰会"在贵阳圆满举办。

2015 年 7 月 15—17 日，"2015 世界移动大会"在上海新国际博览中心举行，贵阳数博会在大会期间进行了展示和推介。

2016 年

2016 年 1 月 28 日，"2016 中国电子商务创新发展大会暨贵阳国际大数据产业博览会新闻发布会"在京举行。

2016 年 2 月，贵州成为首个国家大数据（贵州）综合试验区。

2016 年 3 月 1 日，"2016 中国电子商务创新发展大会暨贵阳国际大数据产业博览会'痛客计划'新闻发布会"在京举行。

2016 年 4 月 26 日，数博会组委会确定了三个产业性论坛的主题及内容。这三个论坛分别是"2016 医药大数据论坛""2016 大数据时代智慧旅游发展论坛"和"第二届中国大数据交易高峰论坛"。

2016 年 5 月 9 日，贵阳市政府召开常务会议，部署推进 2016 年数博会筹备工作。

2016 年 5 月 10 日，"2016 中国大数据产业峰会暨中国电子商务创新发展峰会"安全保卫工作部署会议在贵阳市召开。

2016 年 5 月 19 日，贵阳市政协召开党组（扩大）会议，传达贯彻贵州省委听取 2016 数博会相关工作情况汇报专题会，2016 数博会动员会和市委常委（扩大）会议有关精神，落实贵阳市委对筹备

2016 数博会的要求部署。

2016 年 5 月 23 日，贵州省委常委、贵阳市委书记陈刚在贵阳会见出席中国大数据产业峰会暨中国电子商务创新发展峰会的部分嘉宾。

2016 年 5 月 24 日，国务院总理李克强在贵阳花溪迎宾馆同出席中国大数据产业峰会暨中国电子商务创新发展峰会的国内外业界人士举行对话会。

2016 年 5 月 24 日，贵州省委书记、省人大常委会主任陈敏尔，省委副书记、省长孙志刚，省政协主席王富玉在贵阳会见出席中国大数据产业峰会暨中国电子商务创新发展峰会的部分嘉宾。

2016 年 5 月 25 日，国务院总理李克强在贵阳出席中国大数据产业峰会暨中国电子商务创新发展峰会开幕式并发表重要讲话。

2016 年 5 月 25 日，中共贵州省委副书记、省长孙志刚、国家发展和改革委员会副主任林念修、中央网络安全和信息化领导小组办公室副主任徐麟在开幕式上先后发表演讲。

2016 年 5 月 25 日，知名企业家马化腾、阿博利、李彦宏、陆奇、王坚、毛渝南、齐向东、纪秉盟、赵伟国、帕特、程维、王雪红、迈克尔·戴尔等在开幕式上先后发表演讲。

2016 年 5 月 25—29 日，中国大数据产业峰会暨中国电子商务创新发展峰会在贵阳成功举办。

2016 年 5 月 26 日，由贵州省经济和信息化委、贵州省政府金融办共同推动的"云上贵州"大数据产业基金正式启动成立。

2016 年 5 月 26 日，贵阳大数据创新产业（技术）发展中心挂牌。

2016 年 5 月 26 日，贵阳大数据交易所联合清华大学、华南理工大学、青岛大学、南京大学、贵州大学等国内 20 余所学院联手成立大数据交易联合实验室。

2016 年 5 月 29 日，痛客网在 2016 数博会闭幕式上压轴亮相，致力于"让有想法的人牵手有办法的人"。

2016 年 8 月 19 日，贵阳市召开"2017 中国国际大数据产业博览会"筹备工作调度会，全面启动 2017 数博会筹备工作。

2017 年

2017 年 1 月 15 日，数博会品牌沙龙第十三期大数据与产业发展专家研讨会在北京举行。

2017 年 3 月 7 日，经党中央、国务院批准，数博会正式升格为国家级博览会，成为一个兼具国家高度和国际视野的全球大数据盛会。

2017 年 3 月 14 日，贵阳市委、市政府召开"2017 中国国际大数据产业博览会"筹备工作专题会。

2017 年 3 月 30 日，"2017 中国国际大数据产业博览会"新闻发布会在北京举办。

2017 年 5 月 24 日下午，贵州省委常委、常务副省长秦如培率队视察"2017 中国国际大数据产业博览会"筹备工作并慰问工作人员。贵州省委常委、市委书记陈刚参加视察和慰问。

2017 年 5 月 24 日，中国首个国家大数据工程实验室——提升政府治理能力大数据应用技术国家工程实验室在贵阳市揭牌。

2017 年 5 月 25 日，国家大数据专家咨询会和国家大数据创新联盟正式成立。

2017 年 5 月 25 日，中国（贵州）"数字丝路"跨境数据枢纽港启动仪式在贵阳举行。

2017 年 5 月 26 日，"2017 中国国际大数据产业博览会"在贵阳隆重开幕，中共中央政治局常委、国务院总理李克强发来贺信，中共中央政治局委员、国务院副总理马凯出席开幕式并讲话，贵州省委书记陈敏尔致辞，工业和信息化部部长苗圩宣读李克强总理贺信，贵州省省长孙志刚主持开幕式。

2017 年 5 月 26 日，中国科学院白春礼院长在开幕式上发表演讲。

2017 年 5 月 26 日，《贵州省大数据发展报告（2016）》白皮书在"2017 中国国际大数据产业博览会"上发布。

2017 年 5 月 27 日，中国"十大黑科技"在中国国际大数据产业博览会上正式发布。

2017 年 5 月 25—28 日，"2017 中国国际大数据产业博览会"在贵阳举行。

2017 年 7 月 5 日，"2017 中国国际大数据产业博览会"总结表彰大会在贵阳举办。

2018 年

2018 年 1 月 30 日，《中共贵阳市委办公厅 贵阳市人民政府办公厅关于印发〈2018 中国国际大数据产业博览会执行委员会组建工作方案〉的通知》发布，2018 数博会执委会正式组建。

2018 年 2 月 28 日，"2018 中国国际大数据产业博览会"新闻发布会在京召开。

2018 年 3 月 30 日，"2018 中国国际大数据产业博览会"领先科技成果中关村优秀项目推荐会在北京召开。

2018 年 4 月 24 日，2018 数博会·巡礼"7 + 1"国家大数据综合试验区主流媒体看贵阳主题采访活动启动。

2018 年 5 月 17 日，贵阳市委、市政府召开"2018 中国国际大数据产业博览会"动员大会。

2018 年 5 月 26 日，《大数据优秀产品和应用解决方案案例系列丛书》发布会暨 2018 年中国国际大数据产业博览会"十佳大数据案例"揭晓活动在贵阳举办。

2018 年 5 月 26 日，"2018 中国国际大数据产业博览会"在贵阳开幕。中共中央政治局委员、全国人大常委会副委员长王晨出席开幕式，宣读习近平主席的贺信并致辞。

2018 年 5 月 26 日，中共贵州省委书记孙志刚致辞。

2018 年 5 月 26 日，国家发改委副主任林念修，工信部副部长陈肇雄，国家网信办副主任杨小伟，英国约克公爵安德鲁王子殿下，中国科学院院士梅宏，数字经济未来之父唐·塔普斯科特，国际量子物理量子信息实验研究领域开拓者之一、中国科学院院士潘建伟在开幕式上先后发表演讲。

2018 年 5 月 26 日，2018 数博会领先科技成果奖发布会在贵阳举行，发布了 11 项全球"黑科技"。

2018 年 5 月 26—29 日，"2018 中国国际大数据产业博览会"在贵阳成功举办。

参考文献

数博会官网，http：//www. bigdata-expo. org。

新华网，http：//www. xinhuanet. com/。

人民网，http：//www. people. com. cn/。

比特网，http：//www. chinabyte. com/。

当代先锋网，http：//www. ddcpc. cn/。

多彩贵州网，http：//www. gog. cn/。

大数据战略重点实验室：《中国数谷》，机械工业出版社 2018 年版。

大数据战略重点实验室：《数聚力量》，当代中国出版社 2017 年版。

大数据战略重点实验室：《数智未来》，当代中国出版社 2018 年版。

连玉明：《中国大数据发展报告》，社会科学文献出版社 2018 年版。

中共贵阳市委宣传部：《贵州大数据引领大发展》，人民日报出版社
  2017 年版。

中共贵阳市委宣传部：《贵州大数据筑巢引凤赢先机》，人民日报出
  版社 2016 年版。

新华网：http：//www. xinhuanet. com。

贵州日报：http：//szb. gzrbs. com. cn。

数据观：https：//www. shujuguan. cn/。

数博会官网：https：//www. bigdata-expo. cn/。

比特网：www. chinabyte. com。

当代先锋网：http：//www. ddcpc. cn/。

多彩贵州网：http：//www. gog. cn/。

中新网：http：//channel. chinanews. com。

腾讯网：https：//www. qq. com/。

360 社区 https：//bbs. 360. cn。

网易新闻：https：//news. 163. com/。

ZOL 新闻中心：http：//news. zol. com. cn。

中国机器视觉网：http：//www. china-vision. org。

新浪贵州：http：//gz. sina. com. cn。

搜狐网：http：//roll. sohu. com/。

微信公众号：半导体行业观察。

微信公众号：党政安顺。

微博公众号：贵州微生活。

后　记

　　大数据的爆发式增长，逐渐浸入社会发展的各个领域，重塑人们的生活和工作。在未来，大数据将实现与工业、服务业、制造业、农业等领域更加深度的融合，随着区块链、云计算、量子计算等技术的突破和发展，大数据的应用在深度和广度上会更进一步，大数据技术的采用不会很快放缓。

　　调研机构 Forrester 公司的研究人员发现，2016 年，将近 40% 的企业正在实施和扩展大数据技术的应用，另外 30% 的企业计划在未来一年内采用大数据。同样，来自 New Vantage Partners 的 "2016 大数据执行调查" 发现，62.5% 的企业现在至少有一个大数据项目投入使用，只有 5.4% 的企业没有计划或没有实施大数据项目。"数据的可用性、新一代技术以及向数据驱动型决策的文化转型将继续推动企业对大数据分析技术和服务的需求。" IDC 公司分析和信息管理集团副总裁 Dan Vesset 说："2015 年的全球大数据市场收入达到 1220 亿美元，2016 年的市场收入增长 11.3%，预计到 2020 年大数据市场收入的复合年均增长率将达到 11.7%。" 结合以上数据，在未来，大数据产业在一定程度上会呈上升发展状态，大数据的发展将呈现出以下趋势：

　　（1）"数据" 已经成为企业、政府和社会的重要战略资源，获得 "数据"，就是抢占市场先机，数据的资源化转变，使得未来越来越多的企业加入大数据行业。

　　（2）云处理为大数据提供了弹性可拓展的基础设备，是产生大数据的平台之一；机器学习通过分析现有的大数据存储库来得出改变应用程序行为的结论，在大数据技术中扮演着重要的角色；边缘计算作为一种新技术，在处理物联网大数据上取得了较大的突破，边缘计算的出现，加快了大数据分析的过程，还能减少存储和基础设施成本。未来大数据的发展离不开与云计算、机器学习、边缘计算等前沿创新技术的深度融合。

（3）当"数据资产是企业核心资产"的概念深入人心之后，企业对于数据管理便有了更清晰的界定，将数据管理作为企业核心竞争力，持续发展、战略性规划与运用数据资产，成为企业数据管理的核心。数据资产管理效率与主营业务收入增长率、销售收入增长率显著正相关。此外，对于具有互联网思维的企业而言，数据资产竞争力所占比重为36.8%，数据资产的管理效果将直接影响企业的财务表现。数据管理成为核心竞争力，直接影响财务表现。

（4）大数据的世界不只是一个单一的、巨大的计算机网络，而是一个由大量活动构件与多元参与者元素所构成的生态系统，是由终端设备提供商、基础设施提供商、网络服务提供商、网络接入服务提供商、数据服务使用者、数据服务提供商、触点服务、数据服务零售商等一系列参与者共同构建的生态系统。而今，这样一套数据生态系统的基本雏形已然形成，接下来的发展将趋向于系统内部角色的细分，也就是市场的细分；系统机制的调整，也就是商业模式的创新；系统结构的调整，也就是竞争环境的调整，等等，从而使得数据生态系统复合化程度逐渐增强。

（5）目前大数据相关理论体系尚未成熟，行业标准、概念定义也没有统一的说法，而众多学者又提出了诸如块数据、粒数据、全局数据等新的理论探索。随着学科探索的深入，以及对块数据、粒数据等大数据创新理论的不断深化，大数据学科自身的理论体系将得以建立。

在大数据技术丰富完善过程中对学理基础的探索发挥了更大作用。同时各种不同学科领域的数据科学应用将不断确立完善，在此基础上有望实现诸多学科在数据层面的一致性。

虽然大数据已经给我们带来极大的便利和智能化的生活，一个事物的发展是优点和问题共存的，大数据在发展过程中遇到了以下几个问题：

数据真实性。在这个数据变化快，数据类型多样、数据量大的时代，网络上、现实中不免有"虚假信息"的存在，此时，就需要对数据的真实性提出疑问。官员要政绩，学界要成果，商界要名利。注水性数据会导致硬数据软化。因为越来越多的软件购买信息，弄虚作假，使得大数据也是真假难辨。数据背后的细节，数据源的真实性、全面性以及处理过程中的科学性，是大数据走向权威和信任的重要评断标准。

数据样本具有代表性，数据信息不全面。在收集数据的时候，因为渠道的不同，数据信息往往也具有这个网站独特的代表性，导致信息不够全面，导致大数据分析出来的结果也不是准确的，信息的全面性有待考究。

数据信息存在相关性误差。利用大数据，在一定算法和模型下对变量元素进行相关性分析，只适合要素构成简单的情景，在复杂情况下，仅有相关性解释是远远不够的，容易走偏。相关性要真正体现在数据之间、数据与真实事件影射的现象之间、真实事件的客观联系上。所以数据信息存在相关性误差。

大数据故事化。大张旗鼓地借用大数据，如果大数据脱离实际化，营造一个概念化、故事化，这就使得大数据背离工具化、服务化和实用化的初衷，不能最终解决问题，只不过是一场华丽的泡沫秀，转瞬即逝，应避免大数据故事化。

数据泄露泛滥。在未来，每一个大数据企业都会遭受数据攻击，无论它们是否已经做好安全防范，都需要企业重新审视今天的安全定义。企业需要从新的角度确保自身以及客户数据的安全，数据的安全保障应该贯穿于数据建立到数据保存的整个环节。

大数据安全。大数据在为网络空间提供传播便利的同时，也对传统的安全防控技术以及现有行政监管手段等带来了挑战。女大学生徐玉玉被骗自杀，大学生裸贷不雅照泄露等事件受到网民的广泛关注。我国互联网信息泄露问题较为凸显，存在不少银行、快递、外卖、第三方金融平台等企业内鬼出卖用户信息的行为，用户隐私信息交易已形成灰色产业。未来，大数据安全法律体系建设应进一步完善，安全可控信息产业将呈爆发式增长，安全技术、产品和服务方面的创新应用将不断增多。现今，我国部分地区已经出台了隐私保护的相关法则法规，立法保护隐私应该是全球共同的举措。

数博会作为大数据行业发展的风向标，每一届的举办都得到了媒体、互联网企业、政府的高度重视，参会人数屡创新高，2017年正式升级为国家级博览会。这四届数博会的举办方式，大体上采取的都是"会、展、赛"三种方式的结合，每一届都有一个主题，围绕主题，在峰会和论坛上，各个企业代表、领军人物、学者依据自己的经验和观点发表看法。任何一样东西要发展，就要有创新，就要跟上时代的脚步。想要办好数博会，在举办形式上也需要不断创新，在"会、展、赛"上增加新的活动项目。在基础设施上，可以把大数据创新的技术和成果与硬件设施相结合，给参会人员带来更高的科技感、舒适感。数博会的发展也需要适应大环境的发展，与人工智能、区块链等技术的融合，未来数博会不仅是几万到场参会人员和观众的盛会，而且是我国全体人民乃至全世界人民的盛会，努力将数博会办成充满合作机遇、引领行业发展的国际性盛会，办成共商发展大计、共用最新成果的世界级平台，厚植智慧树蓬勃生长的沃土，深挖"钻石矿"的价值，以大数据引领经济社会的高质量发展。

大数据成为时代发展的一个必然产物，是一种资源、一种技术、一种产业，而且大数据正在加速渗透到我们的日常生活中，这在衣食住行各个层面均有体现。大数据时代，一切可量化，一切可分析。数博会是一次智慧碰撞的思想盛宴，一场面向未来的头脑风暴，一台竞技角逐的精彩盛会，一个牵手合作的绝佳平台，也是一场改变生活、创造未来的探索。

（本书在编写过程中，得到了中国国际大数据产业博览会执委会及其各工作组、贵州省大数据局、贵阳市委宣传部、贵阳市大数据局、贵阳高新区管委会、贵州日报社、贵阳创新驱动发展战略研究院等单位的大力支持，书中部分图片资料引用于新华网、人民网、中国新闻网、多彩贵州网、数博会官网、数据观、比特网、腾讯网、网易新网、新浪网、搜狐网、360社区、ZOL新闻中心、当代先锋网、中国机器视觉网、贵州日报等媒体，特此致谢。）